商业模式是设计出来的

刘知鑫 著

中国商业出版社

图书在版编目（CIP）数据

商业模式是设计出来的/刘知鑫著.--北京：中国商业出版社，2020.10
ISBN 978-7-5208-1248-1

Ⅰ.①商… Ⅱ.①刘… Ⅲ.①企业管理—商业模式—研究 Ⅳ.①F272

中国版本图书馆CIP数据核字（2020）第168276号

责任编辑：杨林蔚 佟 彤

中国商业出版社出版发行
010-63180647 www.c-cbook.com
（100053 北京广安门内报国寺1号）
新华书店经销
三河市长城印刷有限公司印刷

*

710毫米×1000毫米 16开 13.5印张 195千字
2020年10月第1版 2020年10月第1次印刷
定价：48.00元

****

（如有印装质量问题可更换）

序 言

超级企业都有超级商业模式

开公司办企业，追求的目标无非有两个：企业能够赚钱并赚得长久，企业盈利并能够长久盈利。这两点看似简单，却涉及方方面面的经营管理之道。在笔者看来，最基本的要数商业模式的建设和架构。一个企业如果商业模式对路，而且有着符合企业自身业务发展的人员配置，那么，经营起来才会更省力，员工管理也会更省心，同时企业也能持久盈利。否则，即便产品再好，商业模式不好，也会失败。

在经济发展过程中，不断有企业被迫退出市场，也有不少企业逆袭生长和成功崛起，造成这两种局面的根本原因来自商业模式。

凡是成功的企业都必定有其独具特色的商业模式，不同的商业模式决定了企业不同的盈利模式。从生存和发展的角度来看，任何一个企业只有不断盈利，才能拓展自己的生存空间，而盈利的基础就是建立合适的商业模式。合适的商业模式是企业安身立命、健康成长的根本。要想让自己的企业成为常青树，就必须注重商业模式的构建与创新，并且保证在发展的每一个阶段，都有最适合的商业模式。

什么是商业模式呢？商业模式是指企业之间、企业的部门之间、企业与顾客之间，以及企业与渠道之间存在的各种各样的交易关系和连接方式。

现代管理学之父彼得·德鲁克说过，未来企业的竞争是商业模式的竞争。他发现企业的很多问题，靠经营模式根本就无法解决，必须要靠商业模式。

时代在变，评判一家企业优劣的标准也在变。在当下，收入和规模都不是优秀企业的硬性标准，取而代之的是商业模式，是否拥有一个好的商业模式，决定了一个企业的高度。

企业生存和发展有着一些必然的要素，比如资本、品牌、人力资源、市场、技术、商业模式等，但决定一个企业是否成功的关键首推商业模式。

在企业研究调查中发现，在失败的企业中，因为战略而失败的有20%，因为执行而失败的有30%，但因为没有找到有效的商业模式而走上绝路的却高达50%。

因此，不管是刚创建的小公司，还是存在了百年的老企业，有了产品、人力资源、好的企业文化以后，最关键的一步是要构建出适合企业发展的商业模式。如果企业商业模式构建失误，任凭企业资金多么雄厚、资源多么丰富，也免不了走向败局。

所以，那些能够持续发展的企业往往都有超级商业模式。

什么是超级商业模式呢？要符合两个条件：第一，企业内部自己可以复制自己；第二，别人很难复制自己。这两点是商业模式的精髓和魅力所在，也是创立一个优秀商业模式的难度所在。一个企业如果能够做到内部可以复制而外部无法复制，那么就是一个超级的商业模式。比如，我们都知道海底捞的商业模式非常具有创新性和魅力，但同样经营餐饮，别人很难学得会海底捞的模式。所以，评判一个商业模式达到了哪个阶段和级别，就要判断它是否独特，是否让别人难以学习和超越。

每个公司独特的商业模式可以形成壁垒，比如茅台，通过文化形成了独一无二的产品，构筑了深深的"护城河"，有自己的定价权，能够成为酒业的龙头老大。再如腾讯，靠社交模式拥有的用户数以亿计，对用户有着巨大的黏性，后来又把业务拓展到微信，产生了更大的社交网络，成了无人能及的社交平台。

商业模式的根本就是企业通过创造"与众不同"的客户价值，设计独特的盈利方式颠覆行业传统规则，实现自我可复制，突破扩张瓶颈；然后通过掌控核心资源建立高竞争门槛，最终成功构建系统性的价值链体系或和谐的生态系统。

没有模式，不开公司。无论是免费模式还是体验模式，无论是平台模式还是定制模式，能够脱颖而出并颠覆传统认知的往往是超级商业模式，好的商业模式是企业持续竞争优势之源。在成立企业之前，必须先做好商业模式的设计，不管企业的规模大小，都要提早设计好商业模式，不能边做边改，否则就是表面看起来很实用，但站在一年到三年的角度看，其实是最大的时间浪费和低效循环。

商业模式与时代有关，商业模式的改变背后有着时代驱动的力量。在不同时代，商业模式也不相同。但万变不离其宗，唯有创新商业模式才能将盈利方式拓宽。

经济和市场随着时代变化的脚步不停变化，决定一个企业盈利还是亏损的关键就是商业模式的优劣。随着社会经济的发展，商业模式也在不断地调整和被重新建构。最初传统企业的商业模式追求低成本，而随着互联网的兴起，这种低成本的优势已经提前终结。未来的企业将如何发展？答案无疑是要在商业模式上做文章、下功夫。

一方面是针对各产业生产、交易、融资等环节，形成更高的生产效率和交易效率，企业会向更数字化、智能化的方向发展；另一方面是商业模式的创新。

本书从商业模式的认知和企业发展进化入手，使读者在了解商业模式构成要素的基础上，分析和借鉴以往大量优秀企业的不同商业模式，从而能够诊断自己的企业，找到属于自己企业商业模式的创新和发展之路。并且作者还站在当下展望未来，提出新的商业发展模式和未来企业布局。本书既还原了商业模式的前世今生，又有大量的商业模式分析和研究，可以让读者在了解商业模式、学习和借鉴商业模式的同时拓宽思路，对现有的商业模式进行重构和创新。

目 录

第一章　认知：商业模式的核心元素

商业模式的概念和定义 // 2
商业模式差异化：人无我有，人有我新 // 5
商业模式原则：打破壁垒，持续盈利，资源整合 // 9
传统商业模式死穴 vs 现代商业模式创新 // 13
商业模式关键词：链接、价值、体验、共享、共赢 // 16

第二章　回顾：商业模式的迭代与进化

产业进化：传统→互联网→智能科技 // 20
消费进化：先生产再消费→先消费再生产 // 24
广告进化：媒介→技术→内容→产品 // 27
盈利模式进化：产品盈利→产品衍生盈利→免费盈利 // 31
商业核心进化：地段→流量→粉丝 // 35
企业进化：公司 + 员工→平台 + 个人 // 38

第三章　参照：优秀商业模式分析与借鉴

电商模式：自带优势的网上交易 // 42

免费模式：免费搭台，增值唱戏 // 46

体验营销模式：让消费者更愉悦 // 50

直销模式：跳过中间商 // 53

长尾模式：积少成多的小额收入 // 57

定制模式：个性化的价值提供方式 // 60

全渠道模式：打通销售无死角 // 63

平台模式：人人为我，我为人人 // 67

区域集中模式：密集开店，供应链管理 // 72

低价优质模式：好货也便宜 // 75

连锁模式：不同的地域，相同的管理 // 78

众筹模式：换个角度看融资 // 81

众包模式：一种新的生产方式 // 85

共享模式：共同拥有而不占有 // 88

新零售模式：社交电商事业体 // 91

资本模式：用资本思维以小博大 // 94

第四章 架构：设计属于自己的商业模式

确立企业的价值观 // 98

把企业做轻，把价值做大 // 101

内部股权激励：让企业自动运转 // 105

警惕打败自己的是路人甲 // 109

加码"剃刀与刀片"模式 // 112

第五章 定位：找到潜在上帝，争夺心智资源

找到进入用户心智的途径 // 116

打造爆品 = 极致 + 口碑 // 120

找到用户未被满足的需求 // 122

"五感协同"提升品牌影响力 // 125

化繁为简，省心，用户才会动心 // 128

好的用户体验 = 功能 × 情感 // 130

超出用户心理预期是王道 // 133

第六章 顺应：大环境倒逼游戏规则改变

社群：找到群体行为的触发点 // 138

共享：从吃独食到联合共赢 // 141

跨界："1 + 1 > 2"的无边界竞争 // 144

故事：很多卖点皆源于"煽动" // 147

参与感：用户无法抵御的吸引力 // 151

第七章 升维：激活共生体空间驱动力

互利共生：化竞争对手为合作伙伴 // 156

企业成长依靠生态优势 // 159

注重顾客的终身价值 // 162

创建老客户转介绍模式 // 165

提升自我可复制能力 // 168

第八章 趋势：未来新商业模式展望与布局

万物互联：数字化时代成新宠 // 172

农村商业模式成未来角逐场 // 176

网红经济，直播带货 // 180

人人都能享受订阅模式红利 // 186

公益+慈善模式传递正能量 // 191

智能家居让生活更时尚 // 195

用游戏思维打造未来商业模式 // 199

参考文献 // 204

第一章
认知：商业模式的核心元素

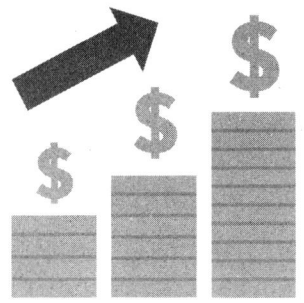

商业模式的概念和定义

商业模式是一个比较复杂的体系，并非企业的任何活动都存在商业模式，如果不涉及投资、成本、盈利等经济指标，就不能算为商业模式。比如人们从来没有把新产品构思、员工培训的各种方式方法称为商业模式。只有当人们考虑如何巧妙地进行组织管理以降低投入、提高产出并把这些工作当作一种经营活动时，相应的管理运行模式才可能称为是一种商业模式。简单定义商业模式，就是赚钱模式。

比如搜索引擎公司的商业模式为"搜索广告"，这部分收入占据公司总收入的大部分；手机网游公司的商业模式可能是"道具收费"，而非按照单机版游戏收取一次性的购买费用；银行的主要商业模式是赚取存贷款利差；保险公司的商业模式是利用保费作为浮存金，投资理财；基金公司的商业模式是赚取佣金；等等。所以，商业模式就是赚钱的方式。

每个企业设计商业模式之前必须想清楚三个问题：谁是你的用户？你的产品或服务解决了他们的什么问题？如何收费？这三个问题，是"商业模式"的核心！

再说简单点，商业模式决定了一个企业赚钱是容易还是难。如果说二十年前，一个人有梦想加上有胆量，那就有绝对的优势可以赚取五年以上优渥的报酬。倘若十年前，一个人有梦想加上有知识，也还有相对的胆量，至少可趁优势之便攫取两年以上的市场份额。然而换成当下，即便一个人集梦想、学历、知识、胆识甚至资金于一身，不超过六个月就被淘汰且淹没于多变商海之中的，比比皆是。

所以，我们定义和分析商业模式不但要从简单的概念入手，还要明白赚钱的思路。

首先，企业靠什么赚钱，是产品还是服务，赚谁的钱？一个企业产品与服务的竞争优势是完全不同的，产品要分析成本、原料、工艺、销售模式及渠道等。而服务更多的是依靠软件，这种服务没有什么刚需，但需要分析市场态势与服务质量和水平。产品和服务是如何销售的？是创造新的需求，还是争抢原有的市场份额？销售的中间环节有哪些？企业只有最终销售商品或者提供服务，才能收回资金，才能赚取利润。所以一定要清楚企业销售的模式，是企业本身占据主动，还是相反。

其次，企业所处的行业天花板如何？这是企业在分析市场空间，只有广阔的市场空间才能有市值庞大的企业。根据一个行业有多大的市场空间，企业在行业内占有什么样的地位、有多少市场份额，大致可以推算出，企业最终的收入规模、利润情况，也就大致知道了企业的市值。一个企业做到一定规模后，不能再发展下去，究其根源是企业天花板的问题。在国内偏实业的公司中，华为发展的路径非常好，原因在于任正非突破了自我的天花板。

再次，企业在行业内的地位是上游、中游还是下游？企业处于上游基本会通吃，处于中游则会被上下游挤压，比如有的企业垫完了原料款还收不回来销售款，有些企业则正好相反，是先拿商品、先收货款，最后才给供货企业结账。行业地位分析的目的是判断公司在所处行业中的竞争地位，如是否为领导企业，在价格上是否具有影响力，是否有竞争优势等。在大多数行业中，无论其平均盈利能力如何，总有一些企业比其他企业具有更强的获利能力，这些企业就是行业龙头企业。企业的行业地位决定了其盈利能力是高于还是低于行业平均水平，决定了在行业内的竞争地位如何。衡量公司行业竞争地位的主要指标是产品的市场占有率。

最后，企业的边际成本如何，边际成本是不变、上升还是下降？这关系到企业未来利润的情况，只有规模经济的企业，最好是边际成本为零的企业，才是真正盈利的企业。比如滴滴专车和传统的出租车公司相比，滴滴专车想要增加一辆车和一个司机的成本几乎为零，但传统的出租车公司可就不一样了。互联网带来的用户规模理论无上限，"边际成本"几乎为零，这就是互联网给传统企业带来的关于成本的结构冲击。做企业，如果是生产型企业，可以学苹果公司，利用新的商业模式降低边际成本，而不是学诺基亚，最终被成本压垮了；如果是销售型企业，那就要多研究研究能否通过互联网，把销售成本变得接近于零。

所以，商业模式的概念用大白话讲就是"赚钱的模式"，如果细致分析就大致从以上几个方面来考虑。回答好这几个问题，就能清晰地看到企业的商业模式和盈利方向和能力。

商业模式差异化：人无我有，人有我新

世界风起云涌、变化迅速，任何商业模式都不会一成不变、永恒有效，即使是被认为最优秀的商业模式。任何企业，只要想在未来竞争中取胜，就不能停止其创新商业模式的步伐。真正的创新就是做到人无我有，人有我新。这种新不是标新立异，而是追求与其他企业的差异化。

商业史上有很多企业拥有出色的商业模式，但是因为守住一成不变的商业模式不放，或者在新的市场环境下生搬硬套已有的商业模式，结果不得不被淘汰出局。所以，差异化才是企业生存的法宝，也是衡量一个商业模式的竞争力度。

比如，全聚德代表了烤鸭，可口可乐代表了可乐，农夫山泉代表了矿泉水，它们对市场的霸占让它们获得定价权，甚至实现预售。消费者进到店里会说"给我来瓶可乐"，而不是说"给我来瓶可口可乐"。企业真正的战场在消费者的心中，而不在货架上，这就是差异化带来的财富。

市场是变化的，同质化的产品越来越多，要想脱颖而出就必须设计差异化的商业模式！

有人戏谑中国企业一般有三类：

第一类有战略定位、有研发思想、有核心优势，每天知道自己该干什么。第二类没有定位、没有优势，不知道自己究竟在干什么。第三类有时候知道自己在干什么，有时候不知道自己在干什么，属于跟风的墙头草类型。除去5%的顶级企业，剩下的企业大部分有着巨大的同质化。

同质化带来的深层危机，要么使企业缺乏核心的竞争力，没有清晰的发展目标；要么利润太薄，在大环境很难有生存空间。大家买了同样的设备，找了同样的供应商，同样提高了效率、缩减了人员，同样各节点促销，兜了一圈，最终发现生产效率都被消费者、供应商、销售平台占据，而企业的利润如在刀锋之上。这样还怎么发展壮大呢？

所以，要经常问问自己企业存在的意义是什么？有什么独特优势？好的商业模式可以举重若轻、化繁为简，可以实现差异化存在。在赢得顾客、吸引投资者和利润创造等方面形成良性循环，使企业经营达到事半功倍的效果。

差异化，就是创新。一位企业家说："我们始终生活和工作在忧患和危机之中，任何发明和创造以及在竞争中的胜利，至多能让我高兴5分钟！"受市场竞争优胜劣汰规律的支配，企业创新则生，不创新则死。

要始终做到"人无我有，人有我优，人优我廉，人廉我新"，源源不断地通过新技术研发、新产品开发、新市场开拓，确保企业处于领先竞争对手的优势地位，才能掌握市场竞争的主动权、主导权、话语权。

比如，如何让一杯咖啡不仅仅是一杯咖啡？星巴克的答案是，在咖啡旁放一个舒服的沙发，以及一群你想见到的人。想想也对，真的要品尝咖啡，我们不会选择花30元钱买星巴克的摩卡而是追求更高的品质。甚至有时我们会开始想这杯摩卡值不值30元钱，能不能再便宜点，这体现了消费者的价格敏感性。我们在星巴克买一杯咖啡，消费的其实是那段"时光"和那种"感觉"。同样地，把书店变成诚品，把手机变成iPhone，都是在把卖产品变成卖一种生活态度，这就是差异化思维。

王老吉原本是区域性的中药凉茶，在香港加多宝公司的运作之下，淡化其成分，凸显其功能，从而创造出一个新品类——预防上火的饮料！"上火"是人们可以真实感知的一种亚健康状态，"降火"的市场需求日益庞大。而凉茶的"预防上火"和"降火"功效，是与其他饮料相区别的核心优势，因此重新定位之后的王老吉畅销全国。

哈根达斯宣传自己的冰激凌原料取自世界各地的顶级产品，比如来自马达加斯加的香草代表着无尽的思念和爱慕，来自比利时的纯正香浓的巧克力象征热恋中的甜蜜和力量，来自波兰的红色草莓代表着嫉妒与考验，来自巴西的咖啡则是幽默与宠爱的化身，而且这些都是100%的天然原料。自1996年进入中国，"爱我，就请我吃哈根达斯"这句经典广告语席卷各大城市。一时之间，哈根达斯成了城市小资们的时尚食品。而看看哈根达斯的定价，就该让工薪阶层咂舌了，最便宜的一小桶也要30多元，贵一点的冰激凌蛋糕要400多元。

无论是苹果和Swatch的设计创新，王老吉的功能创新，还是哈根达斯的原料创新，这些都是企业追求的差异化思维。

所以，企业要想在如今激烈的市场竞争中立足、发展、提升和如期实现既定目标，就必须寻求鲜明的差异化价值定位，用以指导经营管理方略的制定和实施，才能在与众多同质化企业的竞争中脱颖而出。

面对红海，有那么多竞争对手，我们到底应该做些什么呢？我们要以低成本生产出差异化的产品，提供优质服务，从而超出人们的想象。比如丰田生产汽车的成本不高，那它如何和宝马竞争呢？因为它有非常好的技术。根据传统的理论，丰田算不算低成本公司？我认为不算。但对丰田旗下的雷克萨斯那样的奢侈品牌来说，如果能够做到以低成本生产出差异化的产品，就是一种非常好的策略。后来，雷克萨斯的品牌进入美国加利福尼亚州,如果汽车出现问题,他们会派直升飞机送专业人员过来解决。这样的服务真是太好了。汽车质量很好,同时制造的成本又没有那么高,价格便宜,因此,人们甚至愿意排着长队去购买。

差异化的商业模式思维,已经成为当今创业者和风险投资者最关注的事项,因为几乎每一个人都确信,有了一个好的商业模式,成功就有了一半的保证。其实,商业模式就是公司通过什么途径或方式来赚钱。简言之,饮料公司通过卖饮料来赚钱;快递公司通过送快递来赚钱;网络公司通过点击率来赚钱。但是如何从同业竞争当中脱颖而出,那就得靠与众不同的商业模式制胜。

在当前自由开放的商业环境当中,不论从事哪一行业都会面对激烈的竞争,所以差异化战略是与对手区别开来的商业模式之一。

商业模式原则：打破壁垒，持续盈利，资源整合

商业模式的核心原则是指商业模式的内涵、特性，是对商业模式定义的延展和丰富，是成功商业模式必须具备的属性。商业模式细分的话会有很多原则，但重要的三条原则无非是：具备竞争优势，也就是打造属于自己的墙（壁垒原则）；持续盈利原则；以及能够做到资源整合原则。

1.壁垒原则

所谓的壁垒就是一道墙，这道墙能严严实实地把别的竞争者阻挡在外面，而让我们在墙内能获得很好的发展。多数的项目，在一开始是不可能有这道墙的，除非你有独家的技术或专利，这些也许能够构筑一道薄薄的壁垒，让你有一定的竞争优势。多数的项目，在开始阶段只有一个相对优势，或者叫比较优势。比较优势，就是这件事情我们能做，别人也能做，只是我们做得比别人好一些，相对比较而言，我们有比别人好那么一点的优势。这个比较优势，构不成竞争壁垒。很多其他的竞争对手，尤其是一些拥有丰富资源的强大对手，只要他们想要搞，肯定能够做得比你更好，只不过他们做这件事情不能实现效率和产出最大化，他们会把资源放到那些对他们而言效率和产出最大化的地方。这时候，

你要做的就是，投入资源去执行项目，撒开腿往前跑。在项目的执行过程中，在快速的奔跑中，逐步地积累优势，一块砖一块砖地去垒属于你的那道墙，积累到一定程度，就形成了壁垒。

所以，要构筑你的壁垒竞争优势，主要分三步。第一步，你要找到你的竞争优势或比较优势所在，不要想着一下子就找到你的绝对优势、竞争壁垒。第二步，投入资源、加快速度，快速地发展你的项目，积累你的竞争优势。第三步，在发展过程中不断地思考，在思考中执行，在执行中思考，不断地深入挖掘项目的优势，在执行和思考的过程中，一步一步地构筑属于你的竞争优势、竞争壁垒。比如前面我提到了海底捞、华为。这些做实业的企业，就深谙了商业模式的竞争壁垒原则，给自己的企业筑起了一道坚实的竞争墙，稳稳地经营自己的企业，别人是很难模仿的。

2. 持续盈利原则

有了壁垒以后，等于解决了竞争方面的问题，接下来就要实现可持续发展的不断盈利。企业能否持续盈利是我们判断其商业模式是否成功的唯一的外在标准。因此，在设计商业模式时，盈利多少和如何盈利也就自然成为重要的问题。当然，这里指的是在阳光下的持续盈利。持续盈利是指既要"盈利"，又要有发展后劲，具有可持续性，而不是一时的偶然盈利。

许多企业常常自问，为什么许多新的管理理念如过眼云烟，不少管理理念第一年还在被人们争相追捧，在第二年却突然被弃如敝屣。我们不禁要问："到底是哪些因素才能使企业长期成功，实现持续不断的盈利？"

大多数成功企业的成功原因并不是使用了什么特殊的管理方法，而是极普通的主要四项管理原则，企业只要在这四项管理原则上表现优秀，便能运筹帷幄，基业常青。这四项管理原则是：

制定和坚守一个以客户为导向的价值战略：人们总是认为公司绩效不佳的原因是执行力薄弱，而忽视了战略的制定。恰恰相反，研究证明没有正确的战略，什么企业都不会成功。制定战略的两个简单明了但又是非常重要的方法是：目标客户偏好分析法与价值定位法。

设计和管理能体现战略的组织结构：这是很多公司忽视的另一个原则。任何组织都需要能够反映战略的程序和规章制度才能正常运转，成功的公司都会集中重要的资源用来实现战略，而"集中"的任务恰恰就是由组织来完成的。你的组织设计得如何？

建立和维持以绩效为导向的企业文化：在一些组织里，文化被认为是软性的东西，不可能和运营相提并论。在一些组织里，文化虽然被认为是一个重要的因素，但人们关注的重点却是如何在工作环境中增加乐趣。成功的公司都建有高绩效和良好道德行为的文化，一个成功的公司应该建立和维持以绩效为导向的企业文化。

有效和系统地以过程为导向的执行：与战略一样，执行也被人们误解过。你执行什么东西并不重要，重要的是你如何执行。公司要保持成功，必须以两倍于行业平均水平的速度提升自己的生产率。而这只有靠执行才能解决问题。

3. 资源整合原则

资源整合，是企业战略调整的手段，也是企业经营管理的日常工作。整合就是要优化资源配置，就是要有进有退、有取有舍，就是要获得整体的最优。资源整合是指企业对不同来源、不同层次、不同结构、不同内容的资源进行识别与选择、汲取与配置、激活和有机融合，使其具有较强的柔性、条理性、系统性和价值性，并创造出新的资源的一个复杂的动态过程。

在战略思维的层面上，资源整合是系统论的思维方式，是通过组织协调，把企业内部彼此相关但却彼此分离的职能，把企业外部既参与共同的使命又拥有独立经济利益的合作伙伴整合成一个为客户服务的统一体，取得"1+1>2"的效果。

在战术选择的层面上，资源整合是优化配置的决策，是根据企业的发展战略和市场需求，对有关资源进行重新配置，以凸显企业的核心竞争力，并寻求资源配置与客户需求的最佳结合点，目的是要通过组织制度安排和管理运作协调来增强企业的竞争优势，提高客户服务水平。

企业资源整合必须围绕某一目标而进行，把分散的资源和各不相同的方法，甚至是性能完全相反的方法，根据有序的原则进行调度、组合、配置，从而把许多看似零散、分割的资源予以排序、取舍，使资源发挥出最大的效能，产生最佳效果。在未经组合前，企业所具有的各种资源、方法往往是杂乱无章、零打碎敲的，无法形成资源的有效配置，不能产生资源合力。其结果是：漫无边际地过多投入了资源，使资源利用不经济；或无法形成资源的有效排序，不能产生资源合力；更有甚者，不顾企业现有的资源能力，盲目投入，造成不应有的损失。如此种种，都需要通过企业整合资源，才能够把分散的、不协调的东西，纳入一个统一体中，这正是整合的作用。

传统商业模式死穴 vs 现代商业模式创新

随着时代的发展和进步，所有传统企业都会产生危机感，感觉走着走着突然找不到路标了，会产生困惑，不知道在互联网时代如何经营好自己的企业，未来之路如何走。利润好的企业发愁，利润不好的企业更发愁。传统商业模式之所以让人感觉看不到未来，大多数源于其是自发的、传统的，大都是模仿生存，并没有进行自觉的设计和创新，缺乏竞争壁垒和成长的持续性。

传统企业都存在一种现象：生产出产品，然后再做销售。所以，传统企业首先要解决的问题就是怎么把产品生产出来。这就需要厂房，厂房背后肯定要有土地，土地有了还需要人。同时，要把产品生产出来还需要技术，所有这些都离不开钱，也就是创业的原始资本。但问题是，大部分企业家创业之初最缺的就是钱。于是，就出现了企业家边创业边积累资本，边积累资本边创业的做法。这种做法是极低效的。

商业模式的作用是什么？它不研究产品怎么卖，而是研究产品体系该怎么建立，它是围绕资源开发展开的一门学问，这个体系一建成，就不愁产品难卖。

传统的企业以产品为核心。诺基亚曾经是通信业的龙头老大，它的销售额曾经占世界所有手机销售额的42%，在苹果时代来临前，诺基亚主要是靠卖手机来实现盈利的。作为传统企业的代表，诺基亚手机追求质量却功能单一，诺基亚手机的设计者认为手机的功能就是接打电话、收发信息，而这也是诺基亚手机最主要的产品价值。一般情况下，当诺基亚卖出手机后，买卖关系随之结束，除非产品出现问题，诺基亚才会提供售后服务。所以，传统企业的销售完成即表示达到了终点。

而新的商业模式却不一定在产品上做文章。比如，同样做手机，苹果公司却对手机有不同的看法，把手机做成了平台。手机不只可以接打电话、收发短信，它还建立了App Store，手机可以上网、上微信、玩游戏等，最后变成了一个多媒体平台。它成功构造了手机的生态圈，打败了曾经的霸主诺基亚，并使手机在真正意义上进入了智能时代。这就是商业模式，商业模式是以销售完成作为起点，在产品的基础上建立新的商业价值。苹果公司就是在苹果手机的基础上建立了App Store，并以此挖掘出新的商业价值，增加了新的盈利模式。

光有这些就够了吗？显然不够，后来居上的华为，用其更好的商业模式稳扎稳打，发展得如火如荼，这个模式就是既使用了诺基亚的产品精神，又借鉴了苹果的平台模式，更主要的是不追求利润最大化，而是追索企业长久发展，不赚急钱、快钱，而是赚小钱。用任正非的话说："我一贯主张赚小钱不赚大钱，这就是我们的商业模式。因为电信网络不太挣钱了，有些设备供应商减少了某些方面的投资，才让我们赶上来了。"

由此可见，传统商业模式和现代商业模式还是有本质区别的。

传统的商业模式就是研究生产、技术、研发。而现代商业模式给了我们一种新型的商业关系，它最终要解决三个问题：第一个问题是为谁创造价值，第二个问题是用什么样的资源进行生产和开发，第三个问题是如何赚钱。归结来说，商业模式实际上是管理学发展到一定阶段的高度体现，或者说它其实是管理的一个高度，是这个时代的一套管理系统和方法。

放眼国内企业，为什么有的岌岌可危、焦头烂额，有的百折不挠、高歌猛进？这依然跟创新思维有关。有的企业知道真正的创新不是单纯把产品卖出去、提高销售量，而是知道在销售产品同时拓展自己的商业模式，让产品或服务产生更多的附加值和衍生利润。

比如，麦当劳与普通的汉堡店在汉堡的制作上没有太多两样。麦当劳的核心是营销模式、商业模式的创新。麦当劳卖两样东西，一个是饼，另一个是它纯粹的商业模式，后者是工艺流程和管理流程，这两个流程变成了两本册子，每个加盟店支付加盟费，完全按照规定好的流程操作。加盟店的数量没有限制，如果一个加盟店的加盟费是100万美元，那么这100万美元对麦当劳而言没有任何追加成本。通过商业模式的创新，麦当劳这个并无多大技术含量的普通汉堡店变成了世界五百强。这才是真正的创新思维。

再如，360最初为什么能把瑞星轻松干掉？因为瑞星仗着自己的杀毒软件大行其道的时候，360已经悄然改变了商业模式，它不再为营销伤脑筋，直接免费提供。这一招使得瑞星始料未及，想要步360后尘也免费的时候，用户早已让360垄断。360太精明了，就靠这个"免费"的创新思维，成功占领了PC的杀毒市场。再后来，愁没钱赚吗？跟苹果的模式类似，只要有了用户，第三方的商家都会不请自来，岂不是财源滚滚来吗？

所以，用最简单的思维来总结传统商业模式和现代创新商业模式，前者是单线发展，后者是多条道路开发，这样一来，高下立现。

商业模式关键词：链接、价值、体验、共享、共赢

传统的商业模式不断进化与演变出各种新的商业模式，比如免费模式、跨界模式、社群模式、平台模式……在层出不穷的商业模式面前，即使是行业大佬也战战兢兢，如履薄冰，时刻担心被后来者颠覆！在这个时代，如何通过商业模式制胜，至少不犯重大的错误呢？那么就要抓住商业模式的几大关键词，从而对已有的模式进行有针对性的创新与改革。

在互联网和移动互联网时代，最核心的关键词包括："链接"、"价值"、"体验"、"共享"以及"共赢"。

1.链接

这可以说是互联网的本质。网络让世界变成了地球村，人与人、人与产品，甚至是产品与产品之间都进行了链接，人们可以轻易分享信息和得到信息，信息的流动性变得更强。大部分企业在构建自己的商业模式时，都和链接脱不了关系。无论是阿里巴巴让世上没有难做的生意还是拼多多让世上没有更便宜的货，这些都是链接起到的价值。链接将人与人之间的注意力集中在一起，从而达到了商业上的成功。所以，未来成功的商业模式一定离不开链接，有链接才能有未来，有链接才能有

商机。

2. 价值

无论是带给别人价值还是企业追求价值，都是商业模式的本质。价值包括利润但不限于利润，因为金钱有限，而欲望无限。如果一个商业模式能够先满足别人的欲望，金钱自然会来。只要有欲望就会有需求，而一个好的模式恰恰能够抓住消费者需求，满足其欲望，从而做到商业上的盈利与发展，如此，注重价值的商业模式等于成功的商业模式。

3. 体验

简单来说体验就是让消费者产生美好的心理感受，体验事实上是当一个人达到情绪、体力、智力甚至是精神的某一特定水平时，在他（她）的意识中所产生的美好感觉。无论是服务还是产品，一旦让消费者感到舒服，那么就会刺激其接受与购买。体验是消费者在实体功能之外所能获得的商业价值，近年来在产品研发中的地位越来越高。人的本性就喜欢好的感官体验，为了达到这种体验，甚至能达到发狂的地步。体验，就是抓住了这个特点来进行的。未来商业模式重点在于体验消费，没有体验就没有买卖。

4. 共享

有链接就会有共享，有体验就会有共享，因为如果一个人体验的感觉是美好的，他就会有向别人分享的冲动，从而产生和带动越来越多的人参与，最终形成共享经济。同时能够节约成本、扩大盈利，形成共享资源。共享单车、滴滴打车、共享雨伞、共享充电宝，它们都有一个特点，就是成本低，能满足消费者需求，同时还能盈利。

无论是共享单车，还是共享汽车，其实都只是想让我们发现生活不止一种方式。未来可以有更多的领域进行共享，比如共享办公室、共享衣服、共享玩具，共享每个人不同的生活。每个参与其中的人，得到的并不只是一些便利，更是交换体验后得到的成就感。共享时代无论发展到哪一步，我们都在各个领域里寻求协同性，以提升彼此的价值。最终结果如何，谁都不知道。但是，变革已经到来，世界也许会因此改变。

5. 共赢

无论哪一种商业模式，最终的目标应该都是实现共赢。企业存在竞争是必然，但随着时代发展，企业之间开始合作也会成为必然。未来的商业模式既要有竞争又要有合作。企业与企业之间只有抱团才可以降低成本，形成规模效应，有利于提高产品和服务质量，同时也使不同领域产生更多的跨界合作。站在消费者的角度来看，共赢意味着成本降低，比如美团、拼多多等公司正是因为有着这样的商业逻辑才做大做强的。

市场上风云瞬变，竞争感、危机感无时无刻不在敲打着每位企业家的神经。所谓商场如战场，孤军奋战难免感觉草木皆兵，单打独斗总容易遭遇腹背受敌的窘境。多一个朋友总比多一个敌人好，彼此联盟才能让力量发挥到最大效果。

选择合作的对象，抓住合作的机遇，通过诚信共赢的商业联盟达到珠联璧合，实现互利共赢，将会成为创新的商业模式的一种。

未来创新的商业模式不仅有利于提高商家核心竞争力，更有利于商家的持续发展，做大做强。利用联盟式营销，利用网络优势，突破传统商业模式，形成商业联盟，度过金融危机并在未来的商业发展中找寻更多的商机。

第二章
回顾：商业模式的迭代与进化

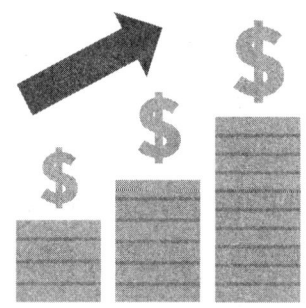

产业进化：传统→互联网→智能科技

回望十年前，企业更在意的是"发展"；回望五年前，企业更在意的是"变化"；回望前三年，企业更多谈的是"互联网+"；再看当下，企业需要在意的是智能科技、生态圈以及区块链带来的数字化生存与发展。因此，这是一个不断变化的时代，产业在进化。

在传统时代，企业基本没有什么生存危机，只要自己的资产雄厚，厂房够多，工人够用，基本上可以在商界占领一席之地。随着互联网开始成为人们关注的焦点以后，传统企业的竞争优势一点点丧失，最终不得已从传统的打法被逼进了互联网模式。互联网大行其道了很多年，造就了很多优秀的互联网公司，但新的模式依然在变化，智能科技以及数字化又成了人们跑马圈地的目标。

商业模式在这几年发生了非常大的变化，过去是农业和工业时代，所有商业模式是基于事物和事物之间的，所以就形成了一句话，"买得便宜卖得贵，中间的差价看智慧"。所以在工业化和农业化基础时代，传统企业的商业模式主要赚的是物品之间的差价。在风起云涌的互联网时代，商业模式也出现了一个巨大的变化。互联网的崛起对传统行业进行了颠覆，这是商业经济进化的一个必经的阶段和历程。互联网带来的万物互联使得企业面临着前所未有的新挑战。所以，今天做企业的人不应该去关心"存在的问题"，而应该去关心"未来会发生什么"，如果思想仅集中于"现有的问题"，那么企业一定会停滞不前。

未来的世界是数字化的世界，也是智能科技的世界，商业的数字化是基于个体生活的数字化。

产业进化如同达尔文所说的那样，适者生存，不适者被淘汰，这是自然法则。在自然界的演进过程中，能够生存下来的生物，并不一定是体积最庞大或者最强有力的，但肯定是最适应当时环境的。

传统企业之所以受到互联网经济的冲击与颠覆，主要是因为互联网企业本身就是互联网时代出生的物种，对互联网技术具有先天的亲和力，在互联网创新成果应用方面具备巨大的先发优势。只有那些在转型中表现出"无知、无能又无力"的企业，才会被互联网打得措手不及。

互联网的根本是工具和沟通的方法，从传统企业进化到互联网企业，并不是让企业的生产成本大幅度下降，而是将中间成本大大缩减。比如，传统企业的生产成本如果占到了10%的话，那流通和中间环节的成本，会占到90%；如果我们有一种技术就是互联网思维的技术，能够让厂家的生产直接跟所有消费者的使用方挂钩，而在这个过程中，产生了"三流分开"，就是我们所说的信息流、物流和钱流，它们在互联网的前提下是完全分开的。在这种分开的前提下，就会产生新的商业模式，也就是厂家再也不需要中间环节，不需要代理商和渠道，只要厂家通过移动互联的方式，让所有消费者获得厂家的信息，然后通过物流公司，使厂家的库房直接进入消费者的家门。而钱流就是移动互联网的支付，一旦"三流分开"以后，整个世界的格局就产生了一个巨大的变化，这个变化就是大大节省了中间成本，比如广告和渠道运输。

无论是传统企业还是互联网企业，进化到科技创新智能发展，这是必然的路径，也是必要的。

传统企业的经济发展主要靠投资拉动，内需严重不足，而过去几年互联网，特别是移动互联网的最大的贡献就是通过更加高效的信息匹配，实现了人与服务的链接。但是，任何一轮产业升级都是技术升级，中国经济只有借助革命性的技术创新，而非简单的应用创新，才能适应如今的市场环境。目前基于移动互联网的应用创新，企业的目光主要集中在服务和产品流通环节，对制造业没有足够的穿透力。更为重要的是，在资本的加持之下，单纯做应用的移动互联网项目近两年发展飞快，目前除了个别细分领域，整个行业的红利已经释放殆尽。

我国实体经济在不断增大的下行压力下，还需要找到更为强劲的动力源，而人工智能则居于技术创新金字塔的塔尖。

就像马云说的，今天活得不错的传统制造业，其实都是把传统制造业和互联网营销做了很好的结合，因为电商的发展，因为新零售的发展，使得他们的销售非常好，数字至少看起来很好。制造业必须思考未来怎么做。传统企业未来不仅仅是进化成互联网企业，还要进化成智能科技企业。

如果说，互联网改变了以往的信息沟通方式，那么智能科技正在与各行各业结合，帮助各行各业进一步升级，优化效率，创造价值。互联网解决的核心问题是链接，人、信息、物体和服务之间的链接。智能的核心则是让这个世界更加"聪明"：世界运转得更有效率，机器能完成更多任务。例如，"人工智能+快递"，会让快递更安全、更便捷、适应更多的环境；"人工智能+出行"，可以更好地进行司机调度和路线规划；"人工智能+电商行业"，可以更好地理解用户和提升运营效率。

如果说互联网是传统企业的升级，那么智能科技就是对"互联网+"

的升级。未来大数据、云计算和物联网也会促进人工智能的成熟。这三个产业的成熟，为人工智能奠定了基础，而这三个产业的基础又是互联网，因此这个进化模式是一条必然的路，互联网升级了传统企业，智能科技升级了互联网。这条产业进化之路也是由人们不断提升的需求所决定的。比如，人们买亚马逊 Echo 不单单是为了买一个音箱，而是为了享受对话式的电子商务服务；选择谷歌的 Nest，不是为了当家里的温度计用，而是为了享受家庭环境的管理服务；买智能车载设备，不是为了多一个播放器，而是为了听它的有声书刊。

所以，智能科技将设备、应用、内容、服务一体化，带给人们更多的生活需求，这就是未来的智能设备，基于人工智能的设备，再加上云服务，这才是智能终端的未来。

因此，在这种智能互联网时代下，厂家仅仅提供硬件设备将不足以满足客户的需求，链接应用、内容、服务，已成一个必然的选项，这也是人工智能成为下一个风口的关键所在。

消费进化：先生产再消费→先消费再生产

之前做生意、卖产品的也好，买产品的也好，大部分遵循的模式是先有了产品，然后卖给别人，用产品找市场和消费者。传统的消费模式是企业把人雇来，把东西生产出来，然后再把这些生产出来的东西卖出去，这是经营一条龙。把产品卖出去以后才有钱付原料费，付员工的工资，所以，企业和经营者把大量的精力集中在产品上，以产品的销售作为解决问题的基本方法，如果产品卖不出去，企业就完蛋了。因为把所有的点都集中在产品上，所以传统管理中最大的矛盾就是企业老想卖贵，消费者老想买便宜，这是个死结。为什么说这是个死结呢？因为当一个企业只想着如何靠产品赚钱，往往是短命的，并没有站在消费者的立场上考虑问题。如此，就会出现很多问题，首先，产品一旦陷入同质化，就会有恶性竞争，要么在价格上做文章，要么在挤垮对手上做文章，这样一来陷入的是内耗与敌对的状态。其次，不了解消费者就抓不住当下的消费者，更带不来潜在的消费者，企业属于蒙着眼睛过河，产品销售的好与不好有很大赌的成分。最后，无法掌握消费行为和习惯，就无法做到对症下药，无法找到消费者需求的痛点，又如何让产品有针对性地解决客户的问题呢？

所以，先生产再消费这种传统经销商模式会慢慢退出历史舞台，取而代之的是先消费再生产的新消费模式的改变和进化。

先生产再消费是因为信息的不对称使社会的供给和需求始终是错位的，这就需要商人的商业行为去对接双方，并从中谋利。而互联网搭建起的商业基础会越来越完善，今后两者可以随时精准连接。所有的中间环节都没有了，赚差价的逻辑也就不存在了。

为什么说未来是先消费再生产呢？因为未来的产品和消费逻辑应该是：先有了创意，然后通过各种方式去表达和展示，从而有了订单，开始生产，最后到达客户手中。也就是说，当你有一个想法时，你可以先表达出来，然后在平台上进行展示（这样的平台会越来越多），然后吸引喜欢的人去下单，拿到订单后可以找工厂生产（不用担心量太少，今后的生产一定会精细化和定制化），然后再送到消费者手里。

真正懂营销的人都知道，卖产品是第一重境界，卖服务是第二重境界，卖产品的价值才是最高的境界。也就是说，没有消费者会真正关心产品本身，他们更关心的是产品所能提供的价值，能解决什么问题。而先消费再生产正是符合这种产品带来价值的理念，先把产品的价值展示出来给消费者，他们就会下单，企业这样才能控制成本，才不会盲目生产和销售，而是更精准、更有针对性，甚至能够带动更多的消费者与粉丝参与互动，并且自发传播，形成一种神奇的效果。小米是这样做的，苹果是这样做的，很多优秀的企业都有着这样的思路。

因为，消费者也属于生产者的范畴，他们生产的不是产品，而是一种消费行为。这种行为能够带来更多价值的转换，普通消费者没有大量的资金来建立传统的商品流通渠道，比如设立仓库和店铺、购买运输工具、投放广告、支付员工工资等，使商品从生产商流动到消费者身边。但是每个消费者都拥有时间，都认识一些其他的消费者。

因此，先消费再生产，不从产品出发，而从消费者出发，让消费者在花钱消费的同时，分享给他们"在花钱的同时还能够赚钱"的生意机会，改变消费者的购物观念和购物习惯，组织消费者进行消费，并教授其他人也做同样的事情，建立一个生产消费者联盟，建立一个自用消费型组织，使消费者定向流动起来，建立起一个由终端消费者组成的商品流通渠道。

未来所有的经销商不再依靠卖产品、赚差价，企业经营者也不把所有的盈利点放在产品上，而是会把更多的目光从产品转向消费者，从卖产品、赚差价变成依靠向消费者提供后续的增值服务赚钱，这有利于发挥消费者的创造性和主动性，也有利于产品的售后服务。

广告进化：媒介→技术→内容→产品

有买卖的地方就会有广告，商业的进化离不开广告的进化，或者说，广告媒体的进化带动商业模式的进化。

从进入商业社会以来，广告就紧跟着营销开始出现，广告理论也开始随着社会变化在不断完善着自身。

广告传播形式可以追溯到石器时代，远古的人们把狩猎结果刻画在墙壁上，以彰显自己能力水平，吸引更多人的关注，这一套符号几乎可以称作最早的广告。

传统广告总是依靠媒介的力量去影响人，比如从最初的报纸到广播电台，最后到电视台。后来的互联网广告开始依靠技术实现精准投放，比如按区域、按收入、按时段投放。再后来社交媒体的崛起使好的广告能自发传播，而未来最好的广告一定是产品本身，最好的产品也一定具备广告效应。

随着时代的进步和科技的发展，广告带动营销的发展也会更加多样化。一个广告从计划到落实，这个过程包含的东西太多，每一步对于商业模式都会产生重要的影响。

最初的广告是依靠媒介，报纸、广播和电视是主要的载体，这一时期的广告传播多是单向的，受众也比较固定，变现方式相对简单直接。

媒体直接将受众接触方式贩售给广告商。媒体需要精心设计与受众之间的对话交流，与广告商之间的议价是以受众基数的大小为基础的。

媒介广告对内容的质量要求很高，而且传播的空间和时间是限定的，广告受众的渠道也相对受限，广告的曝光率有限，频次不是太高，不会让人反感，并且一些朗朗上口的广告语会便于记忆和传唱。

有了互联网，广告的模式也发生了质的不同，载体不限于报纸、广播和电视，信息流也不再是单向传播。以互联网的出现为特征，这一新阶段完全改变了受众、广告商和新闻内容之间的互动方式。互联网时代，受众不再被动接受广告内容，甚至可以发出自己的声音来质疑其内容的真实性，所以才有了后来那句广为流传的"有图有真相"的说法，说明消费者不但要求广告的真实性，还有了自主选择广告内容的自由。于是，互联网时代的广告模式开始依赖技术，媒体不得不改变原有的传播模式，转向新的收入流：研究和数据、战略营销规划、数字收入等。相比之前依靠广告内容来看，传播过程反而能够产出更多的广告收入，这也直接导致互联网以技术传播的地位上升。

在互联网广告时代的早期，有一些有限的定向规则，可选择地域和频道。搜索引擎的出现，使广告主可以选择一些搜索词来定向采买。

随着网络平台对用户基础数据、用户行为数据的持续采集和积累，对于每一个互联网用户，从多个维度进行刻画变得可行，这些维度不仅包括年龄、性别、归属地等人口属性信息，甚至还包括工作岗位、购物偏好、兴趣偏好等更高级的信息。

但是凡事有利也有弊，当受众由于互联网泛滥的广告造成了很严重的反感的情况下，又开始欣赏和怀念起了当时依靠媒介接收广告的益处。于是大众愿意为高质量的内容、自己喜欢的内容付费，与此同时，广告品牌的重要性也重新显现，消费者对于真相和可信度的寻求使得广告品牌的价值重新凸显出来。这个时候的广告以内容为王，广告多追求权威性和效用性，借此将消费者变成忠实的粉丝与追随者，与他们共享一套价值观念。以内容为王的广告时代，信息的可评论性、消费与使用的便利性都成为了用户心目中的重要因素。每一个人都有不同的习惯与需求，而数据使得信息的个性化具有了现实可能。广告也开始追求与消费者的互动性和社交性。广告媒体不再是将受众售卖给广告商，而是靠售卖自身的信誉度、相关性等相关价值。媒体期望与广告商合作，通过信息、数据、技术等来统一品牌价值和受众认知。媒体也开始重视广告的背景和内容质量，提升广告投放的效率，产生真正的以内容为目的广告效用。

经过了以内容为王的时代，广告又进入了"建设产品品牌文化"的时代。好产品本身会说话，也可以寻求客户的情感代入和心理连接，抢占客户的心智资源。产品时代是广告进行品牌营销的最主流趋势。如果品牌传播不能进入到客户的内心世界，打动其情感，在客户的内心无法生根、发芽，那么这样的广告传播毫无生命力。

分享和社交时代，好的产品会产生主动传播的效应，人们通过分享，使快乐传播。分享与传播者不是企业，也不是第三方，而是每一个独立的个体，每个普通人的口碑就是新的广告渠道。这些独立的个体是传播者或是营销者并不重要，重要的是他们对产品的认可，重要的在于信任和人品背书。未来强大的广告宣传一定是"好产品+自动传播"。

无论广告如何进化，最核心的功能是要让品牌文化感染消费者，使产品增加曝光度、美誉度、知名度等，让消费者形成一种思维的购买动机。

广告是传媒的一分子，销售是广告的一分子，传播是销售的一分子，这些无非是想要起到一种表达的作用，最终的目标和指向都是研究人性和人心，从而使产品与消费者心智匹配。

盈利模式进化：产品盈利→产品衍生盈利→免费盈利

无论企业的规模大小，其根本目的是获取利润。因为只有足够的利润，才能为客户创造更有价值的产品，才能吸引更多优秀的人才，才能让企业持续地发展。能够持久地获取利润就是所谓的盈利模式，也就是一家企业的赚钱方式。

1. 产品盈利

80%的小微企业都是依靠产品盈利，也就是通过卖货挣差价的方式来赚钱，企业的利润等于收入减去成本。想要依靠产品盈利，其核心就是尽最大可能降低成本，把价格降到最低。只有做到这一点，用产品盈利公司才能获得成功。卖服装的连锁品牌优衣库就是一个典型的例子，除了衣服款式时尚、质量好之外，价格也十分低廉，所以吸引了很多粉丝和消费者。还有一个就是做微波炉的格兰仕，真正做到了"价格屠夫"，因为低价，使得产品占全球市场80%的份额。拥有产品盈利思维的企业，首先在降低成本上做文章，从而有资本去降低价格，越卖越便宜。最后的结果是它成了行业的霸主。格兰仕是这样，沃尔玛也是这样。再如宜家家居，减少安装成本、节省人工成本、降低运输成本、仓储成本，把成本省到极致，让利给顾客，使得消费者受益。如果靠产品盈利就只能把价格卖得最便宜。

产品盈利模式如果不能解决价格低的问题,就要另辟新路,可以通过主力产品来进行盈利。

比如,方便面及饮料制造商统一企业的主力产品就是旗下的老坛酸菜牛肉面、红烧牛肉面、统一冰红茶、鲜橙多等方便面和饮料。

比如,海尔集团把产品分为了三个大的集团:白电集团,包括冰箱、空调、洗衣机、热水器、厨房家电(如油烟机、燃气灶等);个人数码解决集团,包括彩电、手机和电脑(其中还有照相机、摄像机、DVD等);客户方案解决集团,包括中央空调、整体厨房、家居装修、医疗冷柜、超市冷柜等。海尔的主力产品为第一集团的白电产品,主要由5个事业部组成。其他的应该算为副产品,这些都可以归结在产品盈利阶段。

2.产品衍生盈利

产品衍生模式也被称为利润乘数模式,就是公司利用自己的产品、服务、形象、商标、品牌,在不同的细分领域中重复获取利润的方式。但前提是基于公司的一个强大的消费品牌。公司强有力的品牌具有非凡的影响力,拥有持久的客户忠诚度,爱屋及乌,客户会对公司系列的产品、服务都关注、认同、购买。

比如海尔公司在冰箱行业拥有强大的品牌,从而把领域拓展到彩电、洗衣机、小家电、手机等行业,而且获得成功,这就是充分利用公司的品牌在各个细分领域获得突破,利用自己的形象,重复地获取利润;

又如电信公司从手机充话费的传统盈利模式衍生出短信、来电提醒、彩铃、流量、天气预报等各种产品;

再如中国好声音从传统的广告盈利衍生出视频版权、歌曲版权、学员演唱会、短信投票、网站流量等各种产品。

在产品衍生盈利模式中，迪斯尼公司非常成功，以《狮子王》举例，公司投资了4500万美元，到目前为止，其动漫衍生品的收入已经高达20亿美元。以漫画、卡通、动画、游戏以及多媒体内容产品等为代表的动漫产业在全球经济中的地位迅速提高，逐步成为继软件产业之后的支柱产业。随着动漫日益受到人们的喜欢，动漫产业呈现出巨大的商机。各式各样的以动漫为主题的游戏、服装、玩具、食品、文具用品、主题公园、游乐场等产品销售强劲，甚至不少汽车商、电脑厂家和网络运营商都在拿动漫人物做噱头。迪斯尼的产业从电影和动画片制作开始，并逐步扩展到销售动画片和电视节目、开发和销售专利卡通形象的产品、经营迪斯尼主题公园、购买电视频道、介入游戏开发，甚至是相关产业经营，从而拥有了一个囊括影视娱乐、媒体网络、主题公园和消费产品的巨大财富产业链。

产品衍生模式如果做得好，可以打造一条龙，所以，这应该是一个非常值得推崇的模式。但随着时代的不断变化，人们发现了更好的盈利模式，那就是不靠压低自己的成本，但却能够盈利的模式。

3. 免费盈利

免费经济学说的就是将免费商品或服务的成本进行转移，转移到另一种商品或后续服务上。先用"免费"打造用户基础，再围绕用户需求推出已被市场证实可变现的产品或服务，衍生产品将具备更低的测试成本、更多的测试反馈、更低的推广成本、更快的增长速度、更高的竞争壁垒。

免费模式的本质是一种交叉补贴，也就是说，通常一件商品除本身的购买费用外，还需要花费另外一些费用才能使用，比如，买汽车就需要经常买汽油才能使用，买手机需要买电话卡和存入话费后才能使用。

一般而言，成长型公司的高速发展阶段和跳跃阶段都会用这样的策略。比如100多年前聪明商家"免费的计谋"是："送给你一盏灯，让你不断来买我的灯油。"例如，可口可乐公司的运营模式就是免费向各国合作者赠送可乐灌装线，并且提供强大的营销支持，帮助合作者占领人们的胃。可口可乐公司不是慈善家，其目的就是让合作者源源不断地购买"可口可乐原浆"。

从以上的事例中我们能够看到，这些公司的目光非常远大，善于利用合作者和消费者贪便宜的心理。表面看是免费，实际上免费不仅是一种经营理念，还是一种非常有效的方法论和盈利模式。

任何一种盈利模式的设计不但与自身企业性质有关，还和经济大环境有关，盈利模式一定还会不断进化，会有更多的创新与发展。

商业核心进化：地段→流量→粉丝

商界流行一句话，"最贵的东西之前是地段，然后是流量，现在是粉丝"。将来也可能会出现更多的变化，如社群、数字共享、人工智能等。

地段不难理解，无论是"一铺养三代"还是肯德基和麦当劳占领最热的地段从而变成盈利的大佬，地段都是之前最贵的东西。20世纪商品经济高速发展，拥有人流量大、位置最好的地段，就将成为地王。很多赚取了第一桶金的大佬经过不断扩张成为超级富翁，大部分都依赖地段和旺铺。这样的地段和旺铺会带来巨大的人流，从而成为赚钱的契机。

在互联网没有发展起来的时候，拥有了好地段等于拥有了源源不断的钱。因此，20年前的企业家大部分靠垄断地段开店铺、做房产生意，成为最初的赢家，也成了很多资产运作第一代人。

随着互联网的产生和发展，尤其是到了2012年之后，电子商务爆发式增长，人们从最初的不理解到离不开网络，在消费上摆脱了空间和时间的限制，足不出户就可以逛遍天下，网络有任何想买都可以买到的东西，价格也更透明，可以货比多家精益求精，不满意则退货，还能用差评来震慑商家。使得很大一部分商家（尤其是一些违规操作的商家）难以遁形，连很多大型的连锁超市也受到了电商的冲击，而不再靠地段取胜。最好的地段、最旺的商铺已经变得不再那么重要，很多人为了降低成本，反而把实体店铺搬到了网络上。曾经最火的店铺的月流量也不足互联网日均流量的百分之一，甚至千分之一。所以，互联网的到来预示着旧时代的终结，地铺时代过去了，互联网流量时代到来了。

不论是传统的零售行业还是互联网行业，核心指标都是"流量"，谁能够抢到更多的流量入口，谁就能尽早站在时代的风口浪尖，成为弄潮儿。互联网经济相较于传统商业地段和旺铺模式并无差别，人流量大的地段，人流量也必然会多，当然房租等一系列的开销也会更高。同样地，思维模式也适用于互联网，只不过从线下搬到了线上。

当互联网兴起时，以电商为代表的流量经济突飞猛进。电商平台、搜索引擎、新闻资讯，更多流量就需要更多广告和投入。

互联网的核心就是流量，"互联网+"就是将互联网和传统产业结合起来，把互联网的流量优势转移给互联网化的传统行业，从而实现传统创业的升级。

为此，很多互联网公司不惜重金打造和购买流量，因为只有让人们关注到你的公司或者你的产品，你才有变现获利的操作空间。互联网上每天生产的信息太多，每个人花在互联网上的时间是有限的，投入在互联网中的注意力也是有限的。而流量代表的就是人们的注意力，要想人们在如此庞大的信息量中将注意力集中到你需要的地方，就必须花费一定的代价，购买这些代表人们注意力的流量。烧钱做流量是因为有了代表市场、消费者、财富和金钱的流量后，付出的金钱自然能赚回来，还能带来更大的利润。在互联网时代，只要你有足够的流量或者你能一直吸引到很多的流量，你就有可能做大做强你的生意。所以，这个阶段最贵的东西就是流量。

接着商业发展的核心变成了"粉丝"，粉丝不但自带流量，而且还产生更大的影响力和号召力，粉丝之间的瞬间联动就是商业的"引力波"。

明星、网红、微博、微信公众号都是粉丝经济。对企业和品牌来讲，以前叫作顾客忠诚度，现在叫粉丝。小米是粉丝经济的典型代表，罗辑思维、papi酱等也都是粉丝经济。粉丝是一群特殊的用户，他们的"关注"行为，不仅仅是想了解产品或服务，更有可能是潜在的购买者，或者是最忠实的购买者。经营粉丝，就是无时无刻的不在进行用户管理，这一点无论是虚拟的网络经济还是实体经济，并没有太大差别。所以，后来有了"粉丝经济""得粉丝者得天下"的说法。

粉丝的力量非常大，没有哪一个企业可以说在互联网时代不需要粉丝。有的人提出，"粉丝"是品牌的一部分，牢不可分，而"用户"只是过客。可以这么说，未来没有粉丝的品牌都会消亡。

随着时间推移，未来更多的是"互联网思维+粉丝经济"打造的社群经济和网红经济。任何个体、群体或地区，一旦在某个方面获得成功和进步，就会产生一种积累优势，就会有更大的进步和成就。粉丝经济在将来的社群经济中更是如此。当粉丝逐渐增多而自发组成一个群体后，粉丝社群应运而生。粉丝社群原先体现在明星粉丝会，而如今基于社交网络发展，普通人的声音因为微信、微博、自媒体等平台被放大，社群的门槛被降低，每一个人都能利用现在的机会鱼跃龙门，成为社群的领军人。如何有效整合资源，利用优势转化效益就成为企业新的挑战。

企业进化：公司+员工→平台+个人

有一句广为流传的话是这样说的："全球最大的出租车公司 Uber 没有一辆出租车；全球最热门社交媒体 Facebook 没有一个内容制作人；全球市值最高的零售商阿里巴巴没有一件商品库存；全球最大的住宿服务提供商 Airbnb 没有任何房产；全国前三大酒店业 OTA 没有一间客房。"这段话想表达什么意思呢？意思是说，公司的性质已经变了，已经不再是以往层层划分，以管理为核心职能的样子，而是变成了一个"平台"，存在的也不是传统的雇佣关系，而是由一个又一个数不清的"个人"组成了新的模式。所以，未来企业的进化一定是从"公司+员工"变成了"平台+个人"。

比如，今日头条提供的是"平台"，而千千万万个创作者是"个人"，在为平台创作无数优质的内容，平台拿出部分广告费给这些人，这就是一种"平台+个人"的模式。再如，美团外卖聚集了大量的骑手和商家，平台、商家、骑手、用户，四个主体紧密相扣，谁也离不开谁，一起发展，这也是"平台+个人"模式。

"公司"这种组织形式效率比起"平台"模式，显然要低得多，无论在积极性上还是在其他方面，显得越来越落后。当"公司"变成了"低效率"的代名词，企业组织的规模将注定走向小微化，大企业式的"多人企业"最终也将会裂变为很多个"个人企业"。

关于未来公司与员工的关系，阿里巴巴集团首席战略官曾鸣先生，进行过精彩的分析："虽然未来的组织会演变成什么样，现在还很难看清楚，但未来组织最重要的功能已经越来越清楚，那就是赋能，而不再是管理或激励。以科层制为特征、以管理为核心职能的公司，面临着前所未有的挑战。组织的职能不再是分派任务和监工，而更多的是让员工的专长、兴趣和客户的问题有更好的匹配，这往往要求更多的员工自主性、更高的流动性和更灵活的组织性。我们甚至可以说，是员工使用了组织的公共服务，而不是公司雇用了员工。"

未来的公司将没有员工，只有合伙人，人人都是老板，人人都是创业者，你我利益捆绑，共同把公司做大做强。未来每一个用户都可以利用平台创造自己的价值。用户在平台中做的每一份贡献，都会得到平台不同程度的奖励。这种奖励不再只局限于小恩小惠，而会变成长期的激励。

既然公司性质会改变，雇佣时代会结束，那么，个人必须主动思考和解决问题，并竭力发挥自己的特长，为社会和他人创造价值，渐渐从"谋生"到"创造"升级，否则就没有存在的价值。这个"创造"真正考验的是一个人的能力，能力强的人会由之前的打工谋生变成超级个体。比如，网红李佳琦一年就可以赚2亿元左右，这比60%的上市公司的盈利水平都高，这就是"超级个体"。比如罗辑思维一个人直播就能赚几个亿，这就是"超级个体"。

未来越有能力、越有特长的人才，就越不需要依附某个公司，他们可以利用互联网获得巨大影响力和资源而迅速崛起，成为"超级个体"。

所以，这是一个全球市场进化的时代，无论是小企业还是个人都正在迎来自身发展的黄金时代。互联网所聚合、催生的个性化需求，是"组织小微化"的沃土。

伴随这些商业模式的革命，企业组织的内部形态也正在发生变化，一个显要的趋势就是传统雇员"个体化"。"跳出企业外，不在组织中"，成为自由的个体。混合用工形态成为大的趋势，即"超级平台＋超级个体"。

未来最大的变化就是"个体崛起"，个体崛起背后最大的改变就是各种公司的消失，各种"企业"和"组织"将下沉，未来的舞台属于"个人"。企业与组织会有各种各样的规章与制度对"雇员"进行约束。公司有一套自己的规定，将一群本身具备活力与创新的人束缚得没有激情，这是组织与"企业"的弊端。未来是互联网的时代，使每一个人个体的自由与天赋有了发挥的舞台，也有了用武之地。无论是受限于市场规模而不能成立的特色小买卖，还是个体找不到合适平台的传统时代都将是过去，个人可以通过自己的平台找到客户，也可以通过做一些具有特色的小生意找到出路。过去受限于信息成本而不能得到满足的那些个性化需求，现在在平台上也找到了买家；过去只能将自己卖身于公司的优秀个体，现在可以轻松实现自我价值。

比如未来人们的生活和工作将逐渐融为一体，比如有人一边旅行一边写作，有人一边学习一边赚钱。

所以，企业的进代和组织的改变，将从"公司＋员工"进化成"平台＋个人"。

第三章

参照：优秀商业模式分析与借鉴

电商模式：自带优势的网上交易

谈到"电商"，大部分人的脑海里就会出现淘宝、天猫、京东等，的确如此，电商是一个非常宽泛的概念，行业内并没有一个单独的定义。那些广为人知的购物平台除了前面说的天猫、京东，还有苏宁、唯品会、当当等，它们都归为传统电商的范畴。电商模式通过零售、营销、物流、金融等整合，形成供给侧的网络协同效应，从而提高整个组织效益，进一步分摊服务成本。

以京东为例，京东商城升级为零售子集团，与京东物流、京东数科组成"三驾马车"，形成"零售＋物流＋金融"的全业务流程闭环，这也是未来大部分综合电商的发展方向。

除了上面这些传统的电子商务以外，伴随着互联网的广泛应用，电商的范围越来越广，模式也越来越多，想要加入其中的投资者的数量也在不断地增长中。那么电商模式有哪些呢？根据多个角度构建出各种不同的框架，比较常见的有 B2B、B2C、C2B、C2C 和 O2O。

B2B 模式是企业与企业之间的商务模式，如企业内部以及企业与上下游协力厂商之间的资讯进行整合，并在网上进行企业与企业之间的交易。B2B 模式是电子商务中历史最长、发展最完善的商业模式，能迅速地带来利润和回报。它的利润来源于相对低廉的信息成本带来的各种费用的下降，以及供应链和价值链整合的好处。现在B2B模式做得最好的是阿里巴巴。

目前看来，B2B已经深入到了各个产业链的上下游中，特别是以前市场相对比较封闭的钢铁、煤炭、工业品、物流、化工、涂料、玻璃、卫生用品、电子元器件等领域都受到了来自B2B电子商务的影响。展望未来，我国B2B电商将逐步实现从"交易闭环"向"交付闭环"转变。B2B平台的供应链服务的价值存在于电子商务"四流"之中，增值服务成为公司主要收入来源，突破了先前以会员费、广告费、佣金为主要盈利模式的瓶颈。

B2C模式：B是企业，C代指个人消费者，也就是"商对客"模式。B2C模式就是企业通过网络建设起一个销售产品或服务的平台，而消费者就通过这样一个平台去购买自己所需要的商品。企业和消费者直接对接，中间没有任何附带环节，成本也就少了，消费者能买到更加廉价且有保障的商品。比如网络购物就是B2C模式，天猫和京东就是典型的这种模式，还有后来发展起来的微商也属于这种模式。

C2B模式：消费者占了主导权，交易重心从企业转到了消费者身上，消费者先提出需求，后由生产企业按需求组织生产，通常情况为消费者根据自身需求定制产品和价格，或主动参与产品设计、生产和定价，产品、价格等彰显消费者的个性化需求，生产企业进行定制化生产。越多的消费者去青睐同一个商品，该商品的价格就会越低。有不少人预言，未来的世界将是数据驱动的世界，生意将是C2B而不是B2C，用户改变企业，而不是企业向用户出售。制造商必须个性化，否则他们的经营将非常困难。未来，企业将不再会关注于规模，也不再会关注于标准化和权力，他们会关注于灵活性、敏捷性、个性化和用户友好。C2B的核心是以消费者为中心，以后的产品是消费者说了算，产品价格拒绝暴利，渠道透明，供应链透明。

C2C模式：是指消费者与消费者之间形成的一种商业模式，比如拍卖、出售二手货品等。这种电商模式是自由的，只要信用评级获认可，两者就可以达成交易。C2C商务平台就是为买卖双方提供一个在线交易平台，使卖方可以主动提供商品在网上拍卖，而买方可以自行选择商品进行竞价。简单一点理解，C2C就是个人与个人之间的电子商务。比如一个消费者有一台旧电脑，通过网络进行交易，把它出售给另外一个消费者，此种交易类型就称为C2C电子商务。在C2C中做得比较好的无疑是淘宝。

O2O模式：就是线上和线下的电商模式。随着移动技术的成熟，智能手机已经成为个人的延伸，不仅是信息载体，也是身份识别的终端。在此需求成熟和技术可行的背景下，人们开始尝试把网上生活与线下服务对接，这就引出线上到线下的服务——O2O（事实上，也会出现线下到线上消费）。在经历这些演化后，人们为了更好区分和识别这变化，就将其命名为O2O。商家们可以在线上发布、展示自己的项目详情，然后导入线下的门店资料，将线上的浏览量直接转变为线下门店的客流量，这是目前众多实体店转型的方式之一。简单来说，一家企业能兼备网上商城及线下实体店，并且网上商城与线下实体店全品类价格相同，即可称为O2O。

以上这几种就是常见的电商模式，而且从阿里巴巴创立开始到现在，电商模式一直都是主流的商业模式。因为互联网和移动互联网，电商自带优势。具体有哪些呢？

1. 交易虚拟化

无论买还是卖，双方完全在网络和计算机组成的虚拟环境下完成。

看似虚拟却带来很多好处，卖方可以通过网站来实现产品和服务信息发布、产品营销、网上交易和电子支付，以及售后服务等信息反馈，大大降低了实体店的前期成本和雇佣成本。买方也可以通过网络寻求合作伙伴，进行网上交易，不再受产品垄断带来的价格被动接受，同时不受地域限制，有更多的选择权。

2. 交易成本低

互联网属于国际开放性网络，使用费用低，对于中小企业来讲，电商模式极大提高了自身的竞争力，与传统企业相比，降低了信息发布成本，拓宽了产品营销渠道，降低了传统营销的费用和成本。买卖双方可以直接交易，减少了中间环节的费用；买卖双方及时沟通信息，使无库存生产和消费成为可能；电子商务还可以使企业实现无店铺销售。

3. 交易效率提升

电子商务处理速度快、费用低、不易出错，使商务文件能够在全球范围内快速传递并由计算机自动处理，能够在较短的时间内完成大量的工作，较之传统的模式来说，大大提升了交易效率。

4. 交易安全透明

电子商务的安全性主要通过技术手段和安全电子交易协议标准来保证。安全技术包括加密机制、签名机制、分布式安全管理、存取控制、防火墙、安全万维网服务器、防病毒保护等。买卖双方交易的洽谈、签约、货款的支付以及交货通知等过程都在网络上进行。通畅、快捷的信息传输可以保证各种信息之间互相核对，使交易更加透明。采用这些已有的实用技术和协议标准可以为企业和个人建立一个安全、可靠的电子商务环境。

免费模式：免费搭台，增值唱戏

免费是个很有吸引力的商业模式。从字面意思上理解，就是白给，满足很多人占便宜的心理，然后商家在后面赚钱，操作手法其实非常简单，威力却大得惊人。免费盈利模式是整个营销思维的转变。在过去供不应求阶段，市场是以厂家为核心，想卖给谁、怎么定价，由厂家说了算。而随着时代发展竞争加剧，卖方市场开始向买方市场过渡。卖方更多的注意力不是放在定价和产品，而要考虑消费者的利益，其中最好用的办法就是让消费者觉得"免费"。

免费商业模式不是今天才有的，只是今天它变成了无处不在，所有的行业似乎都和"免费"沾边。举个最简单的例子，公园门票免费，但是进入公园后得买这个买那个，其实是免了小头得了大头。所谓的免费就是在消费者最关注的地方免费，在消费者不太在意的地方收费。

比如，在酒吧或水吧，花生瓜子都是免费的，但酒水都收费。因为，一般客人到了酒吧之后，服务员会端上可口的干果零食，并且告诉你这是免费的，人都会贪小便宜，就吃吧。吃起来就会发现越吃越渴，后来你去点水，打开价格表一看，水都好贵啊，买水还不如买酒。结果一喝酒来劲儿了，越喝越多，消费也越来越高，这时候你才发现，免费的都是最贵的。

免费、开放、共享是互联网时代的最重要特征，在大家还没有搞明白互联网怎么玩儿的时候，雅虎率先推出了免费模式。三个大学生合伙做一个互联网信息分类查询网站，放在大学校园网上供同学们免费使用，不久口口相传，吸引了很多人，一些知名网站也在主页上链接雅虎，导致雅虎的流量暴增，这就是最初的免费模式。有了流量，有了其他主页来链接，雅虎就有了广告收入，于是靠着"免费"这个模式开创了互联网免费的先河。后来谷歌进行了更进一步的改良与发展，搜索效果越来越引人注目，流量也越来越大，通过广告来获取大笔收入。这是"免费+广告"的模式。

除了这样的模式，还有其他值得参照的经典免费商业模式。

羊毛出在羊身上的免费模式。比如，通过某种免费的商品或服务来吸引人尝试，最后又通过某种盈利产品和服务来让这些人买单。比如，最早桶装水公司免费送饮水机就是应用了这样的模式，安装了饮水机自然会买水。再如，很多咖啡机的生产商免费把机器安装到企业办公室里，后面就会收取买咖啡的钱。在这方面，吉列剃须刀也是这样的模式，当同行还在卖剃须刀的时候，他们选择了送剃须刀。因为那个时候的剃须刀，刀片和刀架是不分离的，刀片用完了要洗，用钝了要磨，而吉列首创了可更换刀片的剃须刀，当一个客户免费拿到了刀架的时候，就得为后续的刀片付钱。

还有一种免费模式，不是先享受免费后付费，用户永远免费地享用产品和服务，但是会有第三方来为此买单。比如我们在电视，或者在优酷或爱奇艺上追剧，一集电视剧的制作成本高达几百万元，但我们不需要为此买单，广告商在买单。除了剧集之间插播的广告外，广告商甚至会在电视剧中进行植入广告。同样，我们在网上浏览信息的时候，并不需要付钱，但是总有人会在互联网上购买广告，这就形成了用户、广告商、媒体三方市场。

免费商业模式分为三种：第一种是用户暂时免费，旨在后续消费；第二种是用户免费，第三者付费；第三种是用户免费，不但后续赚用户的钱，更赚第三者的钱。不管怎么搞，反正是要赚钱的，这是肯定的。

比如，小米先打出性价比的招牌，让大伙先占便宜；可是后面配件是要赚钱的，不断推出的新产品就是在赚消费者的后续价值。像软件商家要在小米软件商城或内部系统中植入广告，很多都是要掏钱的。大多数手机公司都玩这一套，苹果更甚，用户下载某些软件要掏钱，商家更是要掏钱。

比如，360杀毒软件就是以免费的模式杀入市场的。当别人还在以收费赚取利润的时候，360却带着知名度和用户进入软件市场和搜索引擎市场，赚取第三方用户商在搜索引擎中的竞价费用以及搜索导航的广告费用。

比如，现在占领人们80%社交时间的微信、QQ，都是免费使用，但是当几亿名用户下载使用，而且离不开它的时候，靠着广告、软件、虚拟产品费用捞一大把，用户和第三方商家的钱通吃。

海底捞为什么能成功？也是利用了免费的这种商业模式，比如在顾客等餐的时候，为其提供免费水果、茶水、免费美甲、免费上网、免费玩牌、免费手机充电、免费电动车充电、免费擦鞋等服务。顾客用餐时，送扎头发的皮筋、套袖、围裙、手机套、热毛巾等。更重要的是价钱公道、分量足，还能点半份菜，没吃没动的还可以退等。这些前期的免费都让消费者产生好感，从而驱动后面的消费。

互联网兴起这么多年，免费商业模式的确是被玩到了极致，甚至快要被玩废了。但这种模式依然没有过时，在很多竞争不那么激烈的行业，还有施展的舞台。因为，免费模式基于客户心理，基于人性的弱点：让消费者占便宜，消费者就会变得更爱你，这是一条千古不变的真理。

体验营销模式：让消费者更愉悦

移动互联网出现后，商业的更迭加快，催生出来的消费者需求变化也很快，当消费者变得要求更高、更挑剔的时候，他们需要更加优质良好的体验和高端的生活感受。品牌必须让自己跟着消费者同时完成升级，围绕着他们做出创新，以满足不断变化的消费者需求。

虽然营销方式千变万化，没有哪一种可以包治百病，也没有哪一种营销方式可以打遍天下无敌手，但是体验式营销模式却让市场更高效，让消费者更愉悦。体验营销模式是商家在产品和服务上让顾客体验到好处，然后顾客产生高忠诚度，最后产生口碑裂变的过程。这一过程的最终目的是让用户获得满足感，这个满足感既有对产品品质的满足，还有对产品带来的心理满足。

比如，苹果手机等产品既满足了粉丝对高科技追求，高端的设计又让果粉获得身份感和地位感。无论是早期的多功能数字播放器iPod，还是后来的iPhone，苹果公司力求一次又一次的创新。iPod是苹果公司在老式MP3基础上进行创新的产物，为MP3提供了能装进1000首歌的内存，让iPod用起来比其他MP3产品更舒服、音质更好，这就是用户体验的创新。苹果手机产品更是如此，无论是外观的设计上，还是内在的配置和使用上，都可以称得上是系统最流畅、外观最好看的手机，这一次又一次的自我突破，就是为了给客户更好的体验，从而产生无数次的营销神话。乔布斯的伟大之处，并不在于他发明创造了多少新技术，而在于他能够通过对已有技术的巧妙融合改进，将用户体验做到极致。营造了高科技公司的形象，让喜欢新鲜事物的人找到了自己的产品坐标，借此彰显自己的品位。产品加服务是营造体验的两大因素，需要比翼才能双飞。

体验式营销模式的另一个重要之处在能够借此提升差异化竞争力。而差异化是每个企业的制胜法宝，千篇一律的模式没有新意，只有差异化才能完美胜出。

比如，新加坡航空公司在行业中就是一个佼佼者，自运营以来，先后获得100多项国际大奖，并且被美国《财富》杂志评选为"全球最受赞赏的公司"，被公认为亚洲客户满意度最高的航空公司。新航在客户体验方面做得相当成功。它是怎么做到的呢？

在长达30多年的经营中，新航总是果断地增加最好的旅客服务，特别是通过旅客的需求和预测来推动自身服务向更高标准前进。早在20世纪70年代，新航就开始为旅客提供可选择餐食、免费饮料和免费耳机服务；80年代末，新航开始第一班新加坡至吉隆坡的"无烟班机"；1992年初，所有飞离新加坡的新航客机都可以收看美国有线电视网络的国际新闻；2001年，新航在一架从新加坡飞往洛杉矶的班机上首次推出了空中上网服务——乘客只需将自己的手提电脑接入座位上的网络接口，就可以在飞机上收发电子邮件和进行网上冲浪。并且花费巨资提升舱内视听娱乐系统，还为所有远程飞机换上这个系统。同时，新航成为世界上第一家引入国际烹饪顾问团和品酒师的航空公司，该顾问团每年为新航提供4份食谱和酒单。

当然，服务的一致性与灵动性同时受到关注。比如，怎样让一个有十三四个人的团队在每次飞行中都提供同样高标准的服务？新航在对服务进行任何改变之前，所有的程序都会经过精雕细琢，研究、测试的内容包括服务的时间和动作，并进行模拟练习，记录每个动作所花的时间，评估客户的反映。

也正是由于如此关注客户，力争做到让客户满意，才有了客户的忠诚，使新航的发展有所成就。

另外，新航还在追求差异化方面大动心思，不但在创新上抢占最快的时间和速度，在空姐的服装上也颇费心思，才会让所有人记住，新航的乘务员不但有着最美丽的笑容，同时拥有南洋风格的空乘服装，新航的空姐是全球航空业中辨识度最高的形象。自巴尔曼1974年对制服改良后，新航空姐穿着同一制服已40年，这一形象已成为新航最著名的公司标志，同时也是新航品牌体验中一次独特的视觉体验。新加坡空姐也是第一个以商业形象走进杜莎夫人蜡像馆的。这就是体验式模式追求差异化的结果和成果。

体验式营销模式还有一个重要的意义，就是通过让客户良好的体验，赢得客户忠诚度，形成口碑，最终建立强大的品牌形象。通过产品和服务的组合打造良好的体验，商家和顾客之间则会形成彼此依赖的朋友关系，这种关系是牢固的，能持续为商家带来回报。

体验式营销模式是一种从消费者的感官、情感、行动等多个方面设计营销的思考方式。从而突破了传统的营销模式，在客户体验中，企业提供的不仅仅是商品或服务，它提供最终体验，并充满了感情的力量，给客户留下难以忘却的愉悦记忆。体验式营销的威力在于使客户以个性化的方式参与其中，通过体验对品牌产生情感寄托，从而成为品牌的忠诚客户。产品是有形的，服务是无形的，而创造出来的体验是令人难忘的，这就是体验式营销模式的力量。

直销模式：跳过中间商

什么是直销模式呢？百度给出的定义是：通过去掉中间商，降低产品的流通环节成本并满足顾客利益最大化需求的一种高效率的营销方式。简言之，就是生产商不经过中间商，而是直接把商品销售到顾客手中从而减少中间环节和销售成本的一种销售模式。

在传统的销售过程中，一是制造商卖给经销商，二是经销商卖给顾客。这个销售链就是生产商—经销商（各层级批发商、商场超市等）—消费者，其利润分配中各层级经销商占据了很大比重。而直销模式则是跳过了中间商，由生产商直接面对消费者，最直观的就是电视广告直销。

在直销商业模式中，一家企业的产品由生产商或服务提供商直接销售，而不是通过像零售店这样的中间渠道来销售。借助这一模式，公司能够消除零售边际成本和其他成本。这一模式还能促进与消费者之间更加个性化的销售体验，从而帮助公司更好地了解消费者的需求，推动改进产品和服务的新创意的产生。国外和国内都有在这方面做得比较好的案例参照。

比如，眼镜品牌 Warby Parker 就是利用互联网直销模式。Warby Parker 向意大利和中国生产厂商直接采购，以自己的官网为主要销售渠道，消除了传统的中间环节。这一模式显示了强大的生命力，在保持低价位的同时拥有健康的毛利率。据称，他们 95 美元一副的眼镜，其品质相当于纽约零售价 610 美元的高档眼镜。

比如，戴尔电脑公司以成功地运用直销模式而闻名于世。公司自 1984 年成立以来，一直专注于直销模式，起初通过电话接收电脑订单，后来则通过网络在线接收。戴尔公司的每个广告都是直接提供给特定目标客户群，投放到他们的私人手机上。这样销售代表立刻就能识别是哪条广告引导客户联系戴尔公司的，这意味着他们可以更加精准地满足客户的需求。凭借这一方法，戴尔公司已经能够将自己与那些主要依靠零售商进行电脑销售的竞争对手有效地区分开来。如今，戴尔公司已经将它的商业模式向其他销售渠道开放，因为直销模式的竞争优势已经过时，这种模式曾经是戴尔公司赖以生存并实现惊人增长的成功因素。

可见，直销模式是一个强大的商业模式。但是很大程度上，当人们不明白的时候，或者被有些企业做歪的时候，人们会对直销模式存在误解。

有些不法之徒利用直销的机制，在没有产品和没有服务的前提下，玩金钱游戏，形成金字塔式的组织，后面加入的人的钱都被前面加入的人坑去了。

真正的直销模式不但有产品，而且讲诚信。在国外，直销模式作为一种独立的商业模式，其本质核心是基于个人消费和个人创业的商业模式，直销员完全不同于传统企业的雇员，而是所属企业的最先消费者和独立经销商。一般而言，这种模式具有进入成本小、方式灵活和累积效应等特点。

真正的直销公司在选择产品上也很有讲究，大部分以快消品作为市场切入点，比如那些便于携带，运输和存储都比较方便的产品。同时，力求产品在同类产品中的差异化,来尽最大努力打造一些在常规渠道却迥然不同的产品系列。在团队建设上,追求的是企业利益与员工利益双赢,而不是雇佣制的那种单纯让别人打工,这也是直销模式的魅力所在。直销模式由于跳过了中间商,节省了大量成本,才会拿出多余的钱来回馈给顾客和员工,使企业和团队得以持续发展。

直销的核心就是节省中间环节。比如开一家工厂需要投资1000万元,买地或是租地,然后买设备、雇人、培训、做广告,购买原材料进行生产,到最后得把产品卖出去。所以得建渠道,通过招各级代理,经过各种中间环节把产品卖到顾客手中,于是10元的出厂价就变成了100元的零售价。而代理商们获得了代理权、门面、装修、员工工资、税收、水电费杂项各种开销都来了,拿到代理权并且把货进回来,意味着要每一天还会产生各种各样的成本支出。那么工厂就想,为什么不把这些中间环节全部去掉,于是设计者发明了一种很厉害的直销商业模式,这种模式可以说是天才的设计。正因为这个模式很厉害,也使得很多人把直销变成了牟利行骗的手段。

区分直销模式可以从以下几点参考:

1. 看这个模式的落脚点

如果这种模式的目的是多卖产品或服务,并且产品和服务与价值基本差不多,或者为了做大平台获得后期收益,就说明这个模式是可行的。如果这种模式想象的前景特别大,但没有足够的支撑和依据,或者其间有很大的水分和泡沫,那么这种模式就是不可信的。

2. 在直销模式中,每一个成员都应该是利益的受益者

在这个模式中,不会出现断层或无法实现闭环,并且这个模式可以无限制地发展下去,这是直销模式的特点。不会呈现金字塔式结构,让

上面的人赚得盆满钵满，让最底层的人一分赚不到甚至还会亏本。

3. 分析该模式的获利方式

任何一种商业模式都要以能获利为前提，如果所有的利益都来源于把产品无休止加价到严重背离其价值，那么这个模式就不靠谱。真正的直销模式，是让产品有差异化，能够做到在跳过中间环节以后变得质优价廉，而不是背离价值。

4. 看清楚直销的方式

直销模式可以分为上门式直销、会议式直销、专卖店连锁直销、互联网直销。上门式直销是一种有生产厂家或者当地代理商的销售人员上门销售的可信度很高的销售行为，产品质量优良，价格比零售便宜。这是最早的一种直销方式，目前已经很少有人上门销售。会议式直销模式比较常见，目前还有不少企业在用这种方式营销。专卖店连锁直销一般都是生产厂家或品牌公司统一设计店铺的装修，统一进行品牌设计和宣传。投资商交一定的加盟费，产品的售价也是统一的，不进入传统流通的直销方式，现在有不少企业依然沿用这种方式。最常见的是互联网直销，也就垂直电商。互联网直销早已成为当下的一种主流趋势，现在有越来越多的中小型生产商或代理商通过网络把自己的产品直接销售给消费者。如今移动互联网的普及与迅速发展，不少直销有志之士已经迫切地研究互联网直销。先进的网络直销模式，弥补了传统直销的诸多不足之处。也有不少直销大咖借助网络直销模式，取得了骄人的直销业绩。

直销模式要想做得好，离不开三点：专业的技术和知识；积攒人脉；在产品方面下功夫，好产品自己会说话，自然也会带来更多的消费者。

长尾模式：积少成多的小额收入

《长尾理论》一书，是这样阐述"长尾模式"的：长尾是网络时代兴起的一种新理论，由于成本和效率的因素，当商品储存、流通、展示的场地和渠道足够宽广，商品生产成本急剧下降以至于个人都可以进行生产，并且商品的销售成本急剧降低时，几乎任何以前看似需求极低的产品，只要有卖，都会有人买。这些需求和销量不高的产品所共同占据的市场份额，可以和主流产品的市场份额相当，甚至更大。

说得简单一点就是，只要是成本足够低，几乎你能想到的所有市场需求，只要有卖就会有买。长尾时代，除去了压货成本以及各种成本，只要有人卖就会有人买，再小众的生意也会有市场。

亚马逊公司是长尾理论应用在现实中的典型例子。一些在浩如烟海的产品里埋没的滞销品，现在不仅有机会通过网络展示，还可以通过搜索引擎或者个性广告推荐而可能被喜欢它们的小众目标人群发现。再如谷歌，许多中小企业通过与自己业务相关但比较生僻，因此相对便宜的关键词广告投放，仍然给自己招徕了相当不错的生意。

长尾模式认为，由于成本和效率的因素，过去人们往往更关注人或事的曲线"头部"，而处于曲线"尾部"的大多数人或事会被忽略。例如，在销售产品时，厂商关注的是少数几个"VIP"客户，无暇顾及在人数上居于大多数的普通消费者。而在网络时代，由于关注的成本降低，人们开始关注曲线的"尾部"产生的总体效益，甚至会超过关注曲线的"头部"。比如，某著名网站是世界上最大的网络广告商，它的收入不是依靠"头部"的大客户，而是来自被其他广告商忽略的中小企业。所以，网络时代也是"长尾"产生效益的时代。

长尾商业模式专注于提供多品类的小众产品，虽然每一种的销售量并不如大单品或爆品的规模，但最终加总的销售收入也一样可观。

比如一款衣服卖出去1000件，属于畅销产品，而另一款衣服只卖出去1件，从单个物品成本来看，这款衣服是赔钱的。而长尾理论所依赖的市场环境是对互联网环境的分析，假定把这一件衣服归置于1000件衣服之内，提高了销量，获得了收益，而满足这个假定的条件就是这件衣服没有边际成本，消除单个成本之后，再依次归类搁置，形成了长尾理论所提倡的小众消费盈利模式。

通俗地说，传统经济追求的是规模生产和销售，品种越少，成本越低；而"长尾"模式追求的是范围经济，就是品种越多，成本越低。规模经济通向单一品种大规模生产，范围经济通向小批量多品种。长尾理论实际讲的就是如何从单纯依靠规模经济，逐步转向依靠范围经济。从大规模生产销售转向小众化营销。也就是说，长尾模式给企业提供了"做大做强"之外新的选择，走小众路线也可以生存。长尾模式给我们一个重要的启示：经济和企业的规模不是越大越好，小的也可能是好的。

比如，将一些中小型企业与数字化网络相结合，就可能成为一个强大的产业长尾，承担起小批量、多品种时代全球经济竞争的重担，形成与做大做强并列的又一竞争优势。

通过长尾模式，也可以做出更多的爆款。比如江森海的创可贴，卖的都是普通T恤衫，但印上一些好玩的图案和文字，如"想吃点啥，就吃点啥""哪儿凉快，哪儿待着"售价就可以高达每件168元。而且品种特别多，只要进去他的淘宝店铺的人，很少会不买几件的。经营者此时就可以通过观察，发现在众多的长尾产品里，也会发现潜在的爆款！

同样的道理，只要肯花心思，在产品上下功夫，在小众上找突破，说不定小众的产品里蕴藏着更多的机会与潜力。

定制模式：个性化的价值提供方式

随着互联网的发展，很多企业已经意识到，建立大型仓库，生产一模一样的产品，然后进行大量销售，已经成为过去时，如果还抱着这样的思维去经营已很危险了。很多营销的人也发现，虽然努力做好营销，做好品牌，但工业化的思维已经不像之前那么有"钱"途。工业时代，做服装的企业，大家都是统一制一个模板，然后通过厂家生产一模一样的服装。而现在这种模式已经成为过去时，那种一模一样的大批量生产产品的时代已经迈不开步。因为消费者的需求改变了，个性化追求越来越明显。

工业时代的厂家需要积压很多原材料作为筹备，像衣服、鞋子等商品，这些产品还没有开始流通到市场之前，厂家是没有拿到一分钱，所有的成本都需要自己去垫付，有实力的厂家还好，但对于刚刚起步的小厂家来说，有时候这种大规模的囤积，可能就是灭顶之灾，搞不好就会瞬间倒下，从此再也没有爬起来的机会。

因为在追求个性化的时代，企业生产过剩的产品会有很多未知的风险，无论大厂家还是小厂家都没有十足的把握确保自己的产品能得到消费者的认可，更没有十足的把握能够让其拿钱买单。另外还有一个重要的因素，就是竞争对手变得更加千万变化，更加不可捉摸，这就意味着有不可逆转的风险因素存在，对谁都不可能例外。

对于消费者来说同样如此，如果看到的都是一模一样的东西，根本无法满足内在的需求。一旦没有达到心理的需求，消费者就不会花钱买，即使冲动购物以后，造成的体验并不美好，对某个产品和品牌不会产生黏性。这种不好的体验对于厂家或品牌来说，也是一种潜在的风险。

这些问题在之前可以说是很难解决的，但现在有了互联网和大数据，企业收集信息的成本降低，快速聚合消费者的能力提升。企业能够根据消费者的个性需求有针对性地推广产品，而且还能根据消费者需求在没有生产产品之前，提前收到订单，有的是订金，有的甚至是全款，这样就把积压成本的风险降到了最低。消费者下单后，工厂才进行生产，没有资金和货品积压，运营简单，实现了"按需生产、零库存"，可以最大限度地让利给消费者。定制生产在成本上只比批量制造高10%，但收益却能达到两倍以上。

所以，定制模式就成了趋势。不但衣服可以定制，家居、汽车、农业等都可以实现个性化定制。

在农业定制方面，以色列 Ofir Elasar 公司就是一个典型的案例。该公司和超过30个国家做生意，他们的商业法宝就是定制蔬果。Ofir Elasar 公司根据消费者喜好和习惯推出不同的西瓜产品。有些地方的消费者喜欢大西瓜，有些地方喜欢小西瓜；做沙拉的客户要求西瓜颜色要好看；个人消费者想要皮薄肉厚，商场要求保鲜期长；如果大家都习惯了绿皮的西瓜，那就推出一些橙色皮的西瓜。总之就是通过定制农业模式抓住消费者的眼球。

个性化定制，顾名思义是为了满足客户个性化需求而量身定做的产品提供方式。也就是说，用户介入产品的生产过程，根据个人的需求和喜好让企业生产一个极具个人属性的产品。

不管是衣服还是其他产品,这种个性化会让消费者有一种尊贵的感觉,因为定制在过去是贵族才能享受的服务。

定制化能够发展到今天,得到大众认可,更大程度是因为"消费者需求"直接驱动制造企业有效供给的电商平台新业态机会,是消费者驱动,不是企业驱动。

随着人们生活水平的不断提高,市场需求也不断分化,从"大众消费"转向"个性消费"已经成为大趋势。围绕这一趋势,"私人定制"现已成为一种生活方式。

未来的市场,不再需要"大而全"的综合品牌,而是需要"小而美"的专业品牌,多数行业必将从"规模经济"走向"定制经济"。

厂家可以做到零库存,不仅仅是产品的库存,就连原材料也可以做到零库存。对一个厂家来说,当做到轻资产运作时,就可以专心为消费者提供更加专业的服务和极致的技术,让产品出类拔萃。

这种定制化的商业模式,明显能够看出来,是一种消费者和生产者共赢的结果,这才是正常的商业业态。否则生产者赚不到钱,消费者自然也不会得到好的产品。这也必然会引领未来的一种趋势。

全渠道模式：打通销售无死角

想要弄清楚什么是全渠道模式，先要搞明白什么是单渠道。单渠道从字面上就可以理解，就是通过单一的渠道将产品或服务从某一销售者手中转移到消费者手中的行为。比如，传统门店只等顾客上门来买货，卖家才能卖货。又如，之前的产品信息通过电视或收音机传达给消费者，这就是单一的渠道。从技术上来说，单渠道就是传统的实体店铺模式，只能为少数上门的客户提供服务。

狭义的购买过程包括下订单、付款、收货三个阶段，以往这三个阶段基本是在同一个时间和空间完成的。换句话说，是通过单一渠道完成的，例如都是在一家百货商店或是超级市场完成的。

单渠道在实体店铺时代是有优势的，首先是成本低；其次能够根据销售情况快捷地进行部署，易于检测，能够让一些具备优势的品牌垄断市场，实现利润最大化。但随着互联网和移动互联网的发展，单一的渠道模式严重限制了潜在的顾客的规模和多样性，也约束了更多营销路线和场所，所以，单一的渠道模式已经渐渐没有市场。取而代之的是，必须实行多渠道、全渠道的模式来触达消费者，消费者能够接触到品牌的机会和场所越多，对品牌的发展越有利。

比如，当顾客决定购买一辆汽车时，下班途中就会留意马路上的汽车品牌和造型，走进电梯间会关注墙面上的平面汽车广告，进家后会习惯性打开电脑进行网络搜索和查看评论，边做饭边用手机发微信征求好友的购车体验，饭后坐在电视机前留意汽车广告，同时用iPad浏览汽车网页，第二天上班时与同事进行面对面的用车心得交流，有时间还要去汽车4S店逛一逛。

全渠道能够带来不同类型的客户，同时能够帮助品牌开拓市场，使其在营销活动中能够触达到更广泛、更多样的受众，并且可以通过不同渠道利用不同的营销活动抓取潜在的消费者需求。

举个最简单的例子，顾客在网上挑选自己满意的商品，然后去实体店铺进行实物查看和试用、试穿等，用手机拍照发给朋友征求意见，如果满意，再去网店下订单，用手机支付，通过快递公司将商品送达自己小区的快递点，自己下班后去快递点拿取。这位顾客购买过程的完成，无论是下订单，还是付款、取货，都面临着多种选择，每次选择也带有一定的随机性。

因此，顾客的全渠道购买，要求企业考虑是否进行全渠道销售，否则你会由于顾客购买过程选择余地有限而失去他们。例如，诸多天猫、京东平台上的品牌商，由于不支持货到付款而流失掉一些谨慎和保守型顾客群体。

其实用大白话来说全渠道零售模式很简单，就是商户为了能够更好地满足消费者在任何的时间、任何的地点，以任何的购物方式来满足自己所有的购物需求，而商户则根据消费者的购买数据来分析消费者的喜好，并给出合理的流程建议，就可以称为全渠道零售模式了。

如果一个品牌想要检验自己是否做到了全渠道零售，可以问自己几个问题，如下所列：

您的顾客是否可以选择线上下单，线下实体店提货？

您的商品只能通过固定的页面才能添加到购物清单中，还是通过邮件其他方式都可以加入到消费者移动端的购物清单中？

消费者是否可以随时随地登录网站查看自己的线上和线下交易记录？

您的店员可以在店内查看消费者在移动端的交易信息吗？

您的会员计划能够同时更新消费者在线上和线下的消费积分和奖励吗？

如果对于这些问题都回答"Yes"的话，那么说明这个品牌所有的销售和营销触点都是相互链接的，为消费者创造无缝的购物体验就是全渠道模式的核心。

良品铺子做的全渠道模式比较成功，它是国内首个食品零售全渠道平台。良品铺子与IBM、SAP、华为等企业达成战略合作协议，共同开发O2O全渠道业务平台。打造了商品中心、价格中心、会员中心、营销中心、订单中心和库存中心，整合线上线下渠道，实现全渠道会员管理和企业运营。同时，启动手机App项目作为全渠道连接器，公司2000多家门店实现了线上和线下的联合营销。

良品铺子正在"单渠道—多渠道—全渠道—全融合"的进化过程中，购物渠道不再是简单的物理或空间的区别，"门店＋手机"将成为未来零售行业的最佳业务模式的展示，"手机"将为门店创造新的场景销售和新增流量机会，线上订单、线下门店配送或自提等新的场景实施将有效地提高企业运行效率。未来门店除了承载购物体验之外，还将发挥身处社区的功能，成为生活服务中心。

如今已经进入信息透明化、碎片化、自媒体的时代，顾客收集信息使用的渠道越来越多。因此，全渠道顾客群的全渠道信息收集，要求企业考虑提供全渠道信息，否则将丧失被顾客发现和选择的机会。

企业通过全渠道营销模式为消费者提供无缝的购物体验，不仅能够使自己的品牌更多渠道获得推广和接触更多消费者，同时使品牌更具竞争优势。

传统线下零售商利用互联网技术，将实体店铺与数字领域整合到一个全渠道的零售模式中，提升了消费者与零售商的互动频率，为消费者提供了一站式的购物体验，大大提升了客户的黏性，从而增加了品牌收益。

平台模式：人人为我，我为人人

平台商业模式指连接两个（或更多）特定群体，为他们提供互动机制，满足所有群体的需求，并巧妙地从中盈利的商业模式。

互联网时代，企业经济的驱动力就是平台。就商业模式而言，平台型公司正在大行其道。淘宝、百度、苹果、京东……大企业都在以平台模式横行各个产业。全球500强里的前100强企业，有60%都是平台型企业。

那么什么是平台呢？其实并没有标准答案。"平台"是指在平等的基础上，由多主体共建、资源共享、能够实现共赢、开放的一种商业生态系统。

平台模式属于行业和价值链层级的代表模式，它能快速吸引大量关键资源，实现跨界整合，并能以最快的速度整合这些资源，使企业家的眼光从企业内部转向企业外产中，思考行业内甚至跨行业的机遇和战略。只要建立起了平台型的商业模式，如苹果、腾讯、阿里等公司，就不仅能迅速扩张市场，还可以脱离如价格战等一般层次的竞争。

因此，很多企业家都说："做外贸的和做网商的，都不如做平台的赚钱。"如今，很多人都以为自己在做平台，实际上并没有理解真正的平台是什么。

比如，阿里巴巴做消费品零售的中间商（B），阿里巴巴把自己从行业链条上释放出来，把自己"放下"，让商家（A）跟买家（C）直接对接。阿里巴巴让自己在没有采购、没有库存的情况下就拥有了世界上品类最丰富的可售商品，形成一套能够调动商家积极性、让商家承担责任、让相关利益各方一起共赢的运营机制。

所以，真正的平台模式，概括地说，就是指连接两个或更多特定群体，为他们提供互动机制，满足所有群体的需求，并巧妙地从中盈利的商业模式。

比如，传统的银行赚的是利差，扮演着中间商的角色，但不等于平台。存款人并不知道银行把钱拿去贷给了谁、用在了哪里。如果银行贷出去的款变成呆账收不回来，损失也是银行来承担。银行在存款方和贷款方之间起到了一定的屏蔽作用，银行并不希望存款人跟贷款人直接接触。因此，传统的银行依旧是垂直价值链的思维，并不是平台的思维。

那什么才是真正的平台呢？所谓的平台商业模式的精髓在于打造一个完善的、成长潜能强大的"生态圈"。这个生态圈必须拥有独树一帜的精密规范和机制系统，能够有效激励多方群体之间互动，达成平台企业的愿景。综观全球许多像阿里这样重新定义了产业结构的企业，就会发现，它们成功的关键就在于建立起了良好的"生态圈"，连接起两个以上群体，弯曲、打碎了既有的产业链。

在平台生态圈里，一方群体一旦因为需求的增加而壮大，另一方群体的需求也会随之增长。如此一来，一个良性循环机制便建立了。通过此平台交流的各方也会促进对方无限增长。当平台上的商品有越多人使用、售出越多或者预售数量越多时，商品的单位价值效用会随之增多。这在经济学领域叫作具备"网络外部性"。拥有了网络外部性，意味着可以改变定价规则、建立先占优势。

比如京东卖生鲜等冷藏产品，充分发挥了自己既有的流量优势，为社区附近的超市、便利店导流，让消费者在京东的生鲜平台下单，然后把订单传给便利店和超市，由便利店、超市送货到消费者家中或者让消费者去便利店、超市自取。这样，既联手其他资源方做大了京东的盘子，又能帮助京东继续维持、累积线上竞争优势。

企业转型做平台，如果对外建立产业共赢生态圈，便是平台商业模式；如果对内建立创新孵化园，则是平台组织。企业内部其实也是一个生态圈，具有网络外部性。利用平台思维把组织职能向内或者向外进行市场化，把原本只有少数人能够参与做的决策开放给外部的资源方或者内部的员工，去中心化，让每个人共担创新的责任，人人分享创新的收获，会极大地提升组织的效能。

我们通过一些案例来分析一下，如何把一个企业做成一个平台，让别人成为业务自主体。

海尔就是以一种平台的方式来运作。海尔的改革和创业的愿景，就是不把海尔做成一个企业，而是把海尔变成一个创业的平台。海尔这个平台上可能会有很多小企业，它们成为自主经营体，每个自主经营体和其他组织联合，变成一个利益共同体。

在海尔集团互联网创新交互大会上，张瑞敏提出了"企业平台化、用户个性化、员工创客化"三个概念。"企业平台化"即外部平台化，指的是商业模式层面；"用户个性化"即内部平台化，指的是组织管理层面；"员工创客化"即海尔组织结构被彻底重构，打破金字塔式的科层制结构，取而代之的是由平台主、小微主、创客构成的网络化结构。

海尔集团董事局主席、首席执行官张瑞敏曾提出"人单合一"的管理模式，本质上是用交易替代管理的单边平台模式。"人单合一"中，"人"即员工，"单"即订单，也就是用户，"人单合一"就是指把每个员工和他的用户连在一起。"去组织化，去中心化"也是由"人单合一"的管理模式衍变而来。无领导，员工自由组合，由自己制定小组目标，大家一起完成目标。这中间所有的产品决策权、用人权以及薪酬权都下放到员工个人。

在以用户为核心的目标推动下，海尔内部正在形成上千个自主经营体，最大的自主经营体有数百人，最小的只有7个人。海尔的自主经营体分为三级：直接按"单"定制、生产、营销的一级经营体，为一级经营体提供资源和专业服务的平台经营体，以及主要负责创造机会和创新机制的战略经营体。员工以"抢单"的方式进入，按单而聚，这些自主经营体之间可以相互兼并，并且施行末尾淘汰制。

另外，为了更好地挖掘消费者需求，海尔开始孕育和孵化创客小微，目前已经孵化了100多个创客。这些创客不仅仅是海尔内部在职的员工，亦有离职员工，还有一些来自社会的其他人士，他们在海尔的云创平台上实现自己的创业，海尔也借助创客小微公司，来推动对于消费需求的挖掘。

以海尔产业金融为例，这算是一个大平台，创客和小微只是海尔产业金融的一部分，海尔金融本身也有很多投资项目。海尔金融这个平台在内部还分为两个小平台：一个叫共享中心，主要为平台上的小微公司提供财务、人力资源服务等；另一个叫资源中心，主要负责小微公司的咨询业务。小微公司与上述平台之间属于合作关系，而小微公司的完备程度决定了在海尔大平台层面所能获得的资源，以及利润分配的机制。

苹果也是一个平台模式。苹果手机，不仅仅是智能终端，更是一个平台。

普通的手机商家在纯粹售卖手机时,从购买手机的用户那里收了卖手机的钱,从此再无别的收益,除了与同行死磕价格之外,没有其他优势。而苹果可不是这么卖手机的。苹果将手机卖给消费者时,买手机的顾客实际上是一个有价值的资源。苹果将手机卖给消费者的同时,又将消费者卖给了别的顾客——第三方,也就是上面所提到的内容提供商,也即应用程序开发商。苹果在手机上预设一些接口,用户可以在手机上下载音乐,苹果公司就相当于代替音乐公司将音乐卖给了手机用户,于是就可以和音乐公司签约,要求收入分成。

苹果在将手机卖给顾客的时候,实际上还可以收取很多第三方的收益,这些收益加在一起,有可能远远高于生产手机的成本。所以,即便手机售价很低,甚至白送给顾客,苹果依然可以通过第三方获利。总之,只要能够从第三方获取收益,苹果就获取了别的手机厂商所没有的竞争优势。只要第三方收益大于零,手机就可以低于平均成本的价格出售。

所以,平台模式的奇妙之处在于,我为人人,人人为我,最终实现的不仅是自己赢,还能带动别人共赢的状态。

区域集中模式：密集开店，供应链管理

当人们都积极布局互联网营销的时候，有一个全球知名的便利店——7-ELEVEn可谓把线下连锁实体店做到了极致，被全球公认是最成功的区域集中模式，并夸赞为：世界上有两种便利店，一种是7-ELEVEn，另一种是其他便利店。

普通的思维觉得把店集中开在一个区域不是作死就是等死，而7-ELEVEn却创造了神话般的奇迹。他们是怎么做到的呢？就是源于强大的供应链管理。7-ELEVEn的店面普遍都非常小，但里面供应的商品却多达500种。

7-ELEVEn的供应链管理是这样的，由区域总部在不同地区搭建多个物流中心，由供应商将商品送至物流中心，再由此辐射该地区内的多个门店。特别是食品类商品，7-ELEVEn已经实现了全球范围内的"根据温度管理"进行商品配送，分为冷冻型（-20℃：羊肉片）、微冷型（5℃：牛奶）、恒温型饮料及暖温型（20℃：面包）四个温度段对商品物流进行集约化管理。

《零售的哲学》一书的作者是7-ELEVEn的掌门人铃木敏文，书上说7-ELEVEn从美国引入日本后，第一家店就是加盟店，位于东京江东区，这也是日本首家真正意义上的便利店。第一家店开业后，鉴于小型店铺的采购特点，7-ELEVEn确立了密集型选址的战略。如果只想单纯地增加门店总数，极端的做法是分散开店，在全国范围内部署加盟店，但是为了提高小规模便利店的生产效率，还必须提供合理、有效的采购及物流制度，这样才能灵活地满足消费者的各种需求。所以，7-ELEVEn选择了区域密集模式开店。

这个时候新的麻烦出现了，由于集中开店，导致每天店门口都异常堵塞，因为产品的品类那么多，所以每天平均有70辆送货车送货。店员基本上什么活儿都干不了，每天就是卸货，而且门口的交通也会出现很多的问题。所以铃木敏文就去跟所有的供货商谈，询问送牛奶的能不能一块儿送。然后那些日本的牛奶商非常愤慨，说你根本就瞧不起我们，我们是竞争对手，你竟然敢让我们一块儿送货，觉得受到了极大的屈辱。他就跟他们谈，说这样做的好处是什么，对客户的方便是什么，效率提高了会怎么样，能给他们节省什么样的成本。到最后，每天只有9辆车送货，从70辆车浓缩到了9辆车。

这个效率的背后就是7-ELEVEn最终成功的供应链管理，他们发明的送货方式是以温度来分类。把所有需要在同一个温度下储存的货品都归在一个仓里边，然后协调他们一块儿送。所有的需要冷冻的冰激凌之类的东西一个车，所有需要冷藏的一个车，像米饭、包子所有需要热的东西用一个车。根据温度分了9个，所以每天9辆车送过来就能搞定。他太勇于去打破行业的传统规则了，这才是一个创新者所应该具备的心态。

7-ELEVEn的价值观不但体现在强大的供应链管理上，而且值得我们借鉴的是其在提供便利的同时保证产品的物美价廉。为了保障产品的品质，铃木敏文先生会组建自己的团队去研发。整个研发团队需要把控从制订产品企划方案到方案具体化的所有细节。无论是米饭、面食还是沙拉、甜品、饮料等多个品种都会有参与研发的队伍。

近年来，网络购物持续火爆，电商平台不断创造着零售奇迹，许多线下传统零售企业因此受到波及，但我们可以看到，7-ELEVEn的店铺依旧是一个接一个地开业，影响力与日俱增。究其成功原因，无非是找到了核心是"便利"的商业模式发展思路，并且坚持做到了"极致"。这一点，值得我们中国的便利店品牌深思学习，背靠全球最大的零售消费市场，相信在进行商业模式改良之后，中国本土的零售旗舰品牌终会诞生。

强大的供应链是内部的营销和商业模式，对外将产品做到极致却是态度和质量，当这二者结合，就是别人难以超越的高度。

低价优质模式：好货也便宜

提到好货，很多人第一时间会觉得肯定很贵，反过来，提到便宜，大家又会觉得一定质量不好。所以，当一个模式又有好货又便宜的时候，怎么能不吸引人呢？这种商业模式就叫低价优质模式。

低价优质实际上是一种比较常见的模式，比如福特汽车、宜家家居、名创优品、优衣库、美国西南航空等，都遵循了这一模式。

名创优品之所以用非常快的速度走向全世界，首先是坚持做好产品，追求好设计；其次是坚持低毛利，不赚快钱。以产品为中心，把毛利做得极低，然后持续地盈利。这是所有优秀的零售企业需要学习的经营哲学。因为只有坚持低毛利，门槛才会越来越高，竞争对手才进不来。这也是低价优质的核心魅力。要把产品做好，还要把价格做低，才有持续的竞争力。

宜家家居之所以能在多如牛毛的家居行业做得好，原因在于其运营成本全行业最低，宜家所有的地是自己买的，房子是自己盖的，没有租金的压力，所以宜家卖的家具价格都非常低，然后在全球各地开店，最后成了家居行业的龙头。

那些能够以优质低价模式运营的企业都有一个共同点，所有的商品均是自己研发。此举一方面从源头保障了产品品质；另一方面形成了对电商的天然壁垒——产品是我的，我可以选择上网销售或者不上。而强大的供应链把控力是其"优质低价"的有力保障。为节省成本，它们可以规模化采购、全球布局产业链，以低成本、高效率的方式组织生产。

以日本服装品牌优衣库为例：

优衣库派日本的技术团队到全球各地的代工厂进行直接技术指导，管控每个生产环节，随时抽检，不合格就不予合作，使得所有的合作代工厂都非常谨慎，不敢在质量上造次，这样就能保证了产品的优质。在衣服面料上不断改进升级，力求做到质量好，舒适度高，得到消费者的认可。在衣服的次品率上把控严格，这样对产品极严格的要求，使得优衣库保证了产品的质量。

那么有了质量上的保证，优衣库是如何做到价格上的优势呢？首先，在服装的规模上取胜，尤其是以黑白灰为主的经典款，打造出爆款以后能卖出上亿件。其次，根据市场及时调整衣服价格。优衣库的衣服大多数是直营店，当店铺有滞销品时，店长可以向总部申请变更价格，一般当天就能收到反馈，第二天就能按照变更后的价格销售。调整衣服价格方面，优衣库的执行力非常强，力求做到零库存，不积压。这对于服装企业来说，本身就是一个非常强大的能力。最后，在开店方面非常精准。在选店的时候会根据消费数据分析出哪些人在买优衣库的产品，以及单次的消费金额和购买频率，从而能够精准地指导新门店选址，避免库存损失。

对于这些知名企业的低价优质模式来说，大部分的企业是学不来的，但并不意味着这种模式就高不可攀。对于中国本土的企业，可以借鉴优衣库的有两点：其一，整合供应链，推动供应链扁平化，发展买手体系以及进行联合采购，降低采购环节的成本，如此就有可能做到价低。其二，开发自有品牌。自有品牌不仅可以成为吸引消费者进店消费的"爆款"商品，甚至还有巨大的利润空间。比如名创优品就有一款经久不衰的爆款产品——10元一支的眼线笔，自问世以来已在全球售卖超过1亿支，虽然它的价格只是大牌的1/10，但还是有利润。

面对全球经济与消费趋势的转变，只有通过不断借鉴，不断尝试，不断调整自己的方向，琢磨如何才能提供优质低价的产品或服务，或许才能找到未来的出路。

连锁模式：不同的地域，相同的管理

连锁模式是我们经常遇到一类的商业模式，比如有名的永辉超市、爱尔眼科、苏宁等都属于连锁模式。连锁商业模式分为直营和加盟等多种形式，店铺分为直营店和加盟店。所以，在各个城市都能看到的绝味和周黑鸭也属于连锁模式。

连锁模式的最大优势是直接面对消费者，通过不断开新店扩大规模。供给端都是消费成品，不加工或者粗加工，就可以对外销售。供给端也基本不会受限制，同时由于规模庞大的原因，具有很大的话语权。

连锁是一个由来已久的企业经营模式，从物物交换便开始存在，零售业这一历尽沧桑的古老行业，总是随着社会经济的发展而不断变革。

连锁的主要特点是把分散的经营主体组织起来，统一管理，形成规模优势，具有统一的名称、信息、核算、库存、企业文化，连锁经营容易获得消费者的信任，在商品品质管理上有绝对优势，这就是连锁业的本质基因，成功地缔造了肯德基、麦当劳、沃尔玛、家乐福等众多世界500强企业。

企业做强做大需要连锁，需要懂得复制。以连锁成功企业星巴克为例，我们分析一下星巴克是怎么做的：

首先，星巴克从成立第一个咖啡店开始，就追求咖啡的优质，为了让顾客能喝到最纯正的咖啡，星巴克成立了专门的采购部门，常年往来东非、印度尼西亚等地采购优质的咖啡豆。有了第一手的原料后，星巴克在制作上也遵守严苛的标准，如每杯浓缩咖啡要煮23秒，拿铁的牛奶至少要加热到华氏150℃但不能超过170℃，当天用不完的奶泡要倒掉等。正是这样的严格要求，使得星巴克的咖啡质量非常过关，也使得后来连锁和复制成为可能。

其次，让顾客在消费的同时不但能品尝到优质美味的咖啡，更重要的是做得到良好的心理体验。星巴克的咖啡馆不仅仅是喝咖啡的地方，还是除了家和办公室之外的属于个人的第三空间，在这里可以放松和享受。星巴克里舒缓的音乐背景和浓浓的咖啡香味让很多疲惫的人找到了心灵放松的场所。随着不断连锁扩张，星巴克还率先提供了无线上网服务，使得很多人流连忘返，这也成了星巴克非常独特的优点。

再次，为了更好地管理，星巴克的连锁不是加盟而是直营，在不同的国家有不同的营销策略，有些是百分百控股，有些是合伙经营，以便于打开市场。星巴克创始人认为凡是加盟的商家大部分会把品牌看作赚钱的途径，难免会为了利益而舍弃一些硬性的标准，使得品质难以把控或者下降。所以，星巴克为了品质而放弃了加盟权。

最后，星巴克作为统一管理的连锁企业，在追求品牌统一的基础上又尽量发挥个性。每一家店的色彩、柜台、桌、椅都统一醒目，让所有的消费者有品牌意识，一眼就能认出是星巴克，但在统一的基础上每一家咖啡店还有自己的个性化设计。大部分的咖啡店都开在城市的黄金地段，起到了广告宣传的作用。再后来，由于品质好，消费者体验好，没有专业的广告营销，星巴克成功创造了一个影响力十分巨大的品牌。

星巴克的案例说明一个根本问题，无论是独创企业还是连锁企业，第一要产品精良，第二要服务到位，第三要给消费者的体验好，做到这些才能产生裂变和复制。

从世界上第一个颇有规模的连锁公司大西洋与太平洋茶叶公司开始，连锁经营就带着独特的魅力传播开来。正是因为连锁经营具有快速的复制和扩张能力，能帮助企业在短时间内实现规模的扩大，因此，从一出现，就展现了巨大的活力，随后推向世界，对门店的复制是连锁的开端。

既然那些连锁经营企业，以及采用了类似方式构建企业架构的企业，都属于我们谈论的连锁对象，那么我们在这里不妨再简单回顾一下，连锁复制究竟能复制什么？

连锁复制，简要地说，包括内部复制与外部复制，内部复制指复制门店、复制团队，而外部复制则包括复制知识、规律以及模式等，例如，对他人的经营管理思想的学习。此外，复制的范围将呈现跨领域的趋势。我们很多企业倡导狼性文化，或者采取军事化管理，向部队学习，这也是一种连锁复制。总而言之，连锁复制将大大拓展我们的思路，我们不仅可以谈及企业，同样还可以运用到其他社会组织或者机构当中，甚至是更宽阔的领域。

无论是连锁思维，还是互联网思维，核心都是必须用心去感受用户的需求。无论做服务还是卖产品，如果不是想消费者所想，他们干吗要给钱呢？很多企业做不起来，主要的原因还是对用户需求了解不太够。不管做的是线上还是线下的生意，都需要常常走到顾客和潜在顾客中去，了解他们的所思所想、所好所恶、所欣喜和所恐惧……这样，"连锁＋互联网思维"才有用武之地。

众筹模式：换个角度看融资

"众筹"译自crowdfunding一词，即大众筹资或群众筹资，又译作"群众集资"或"群众募资"，组成部分为发起人、跟投人、平台。众筹具有低门槛、多样性、依靠大众力量、注重创意的特征，是一种向群众募资，以支持发起的个人或组织的行为。一般众筹包含民间集资、创业募资、艺术创作、设计发明、科学研究等内容。

众筹作为一种商业模式，最早起源于美国，后来在欧美以外的国家和地区迅速传开。众筹是一种自发自愿的行为模式，与传统融资不同，具有化解信息不对称问题、降低融资风险、搭建民间投资便利平台、"非中介化"融资的特点。可见，与传统融资模式相比，众筹融资无疑为解决中小企业融资难问题提供了一种新思路。

对于很多中小微企业或个人创业者来说，在创业初期没有人脉背景、没有抵押物的前提下，融资是非常困难的，首先很难从银行获得贷款；其次很多新奇的创业想法无法获得家人朋友的支持，也就无从获得他们的资金支持。众筹模式给了这些中小微企业或个人创作者提供了更多的可能性。

众筹最初是艰难奋斗的艺术家们为创作筹措资金的一个手段，现已演变成初创企业和个人为自己的项目争取资金、点子或人脉的一个渠道。

众筹网站使任何有创意的人都能够向几乎完全陌生的人筹集资金，消除了传统投资者和机构融资的许多障碍。

在筹集资金的同时，还可以发布产品、开启产品预售，或是寻找风险投资。这就是一个多方面筹集资源的方式。相对于传统的融资方式，众筹更为开放，能否获得资金也不再是项目的商业价值的唯一标准。只要是网友喜欢的项目，都可以通过众筹方式获得项目启动的第一笔资金，为更多小本经营或创业的人提供了无限的可能。

我们来看一个众筹案例：

有一个做民宿的创业者，在京东的私募股权融资平台上，发起了一个名为"星空下的香格里拉"众筹项目，招募投资合伙人。和一般的只筹集资金的众筹模式不同的是，该众筹项目不但众筹是投资人的钱，还包括他们的消费能力以及人脉资源。

这个众筹项目是这样进行的：

首先，每位参与众筹的投资人出资两万元。

其次，在投资成功后的三个月内返还出资人一万元的"消费金"，之后的五年内，每年还会持续返还三千元的消费金，共计 2.5 万元消费金，该消费金可以在本民宿酒店消费。

最后，当民宿的这个项目年营业额达到 300 万元以上时，投资人可以分得预计 6% 的平均年化现金收益。投资满五年后，民宿全额返还投资人的两万元，并且使所有的投资人自动成为民宿的高级会员，享受该酒店旗下所有产品的折扣和福利。

该民宿酒店的众筹模式，不但是一种商业模式的创新，而且还运用了金融方面的思维。

投资人出资的 2 万元，五年后由酒店收回，投资人本质上并没有买到股权，而是一种期限为五年的债券。这个债券在酒店年营业额达到300万元以上后，能获得6%的平均收益回报。

这样的操作模式，不但筹到了钱，还筹到了投资人的消费能力和人脉。返还消费金和回报收益率，会让投资人自主自愿成为酒店的高级会员。消费金本质就是代金券，成为高级会员则享受折扣券，这两个方式都能刺激投资人积极消费。

而年营业额达到目标后可以获得收益这一条，则是激励投资人不遗余力地去宣传甚至推荐自己的亲朋好友一起去消费。通过上面这些方法，就将投资人的消费能力和人脉资源都众筹到了。

所以，众筹的模式不但是一种筹资，而且是一种创新。目前比较流行的众筹分为以下几大方式：

公益众筹：最得人心的是诸如水滴筹的那种公益捐款众筹，比如一个不幸患病的人，为了让自己得到治病的钱，无奈之下在网上发布求助帖子，帖子在朋友圈、微博、论坛、网站转发无数，募集善款。有时一些好心人、公益组织纷纷加入，这样的众筹往往成功率非常高。

回报众筹：众筹其实是有自己的规则的，比如在设定天数内，达到或者超过目标金额，项目即成功，发起人可获得资金；筹资项目完成后，支持者将得到发起人预先承诺的回报，可以是实物，也可以是服务。众筹不是捐款，支持者的所有投入一定要有相应的回报。

股权众筹：股权众筹其实并不是很新奇的事物——投资者在新股IPO的时候去申购股票，其实就是股权众筹的一种表现方式。但在互联网金融领域，股权众筹主要特指通过网络的早期的私募股权投资，是VC的一个补充。股权众筹相比于前三种众筹，需要参与者拥有投资专业水准，以及更高的风险承担能力，当然回报也更高。当年电影《大圣归来》就是用了这样的筹资方式，它不仅是第一部票房超越好莱坞动漫电影的国产大片，而且是第一部众筹成功的国产电影。据悉，参与《大圣归来》投资的有89位众筹投资人，总计投入780万元，兑付时预计可以获得本息约3000万元。也就是说，在几个月的等待后，89位众筹投资人平均每人获益25万元。

　　从严格意义上说，众筹不能算是一种新的商业模式，而应该是对商业理念的重构与发展。未来的众筹应该不仅筹资，还要筹人，有了靠谱的人，才会有可靠的项目回报。当一个项目启动，众筹可以让热爱项目的人参与到项目的创意、推广、营销、产品维护以及服务上来，让参与到众筹中的人都变成企业的股东，真心实意参与到项目或企业的运营中，不把自己交给未知的项目，这应该是众筹的本质以及最理想的愿景。

众包模式：一种新的生产方式

"众包"从字面上理解，就是把一个项目包给不同的人来执行。也可以理解为，一个公司或机构把过去由员工执行的工作任务，以自由意愿的形式外包给公司以外的非特定的大众来做。

我们来简单做个比喻，若某人想做一桌满汉全席，但自己一个人做不成，于是在网上发帖征人。他的帖子引来了各路厨子，有的说他能做热菜，有的说他精通凉菜，并都做好了拿来。于是这个人将地方和桌子都收拾好，大伙儿一起摆上菜，只要能协调好，满汉全席就能做成。这就是众包。

从这个简单的比喻我们可以看出来，众包必须有两个基础，一是有很多人愿意贡献自己的智力或资源，二是有一个平台能够把这些人的智力和资源聚集起来。随着互联网的发展变化，互联网的众包平台也开始多了，有空闲时间以及资源的人也日渐丰富起来，所以，使得众包模式成为可能。比如今日头条、知乎、豆瓣等。其实大家在看文章时不觉得有什么，但是这些新闻类媒体如此之多的内容都是靠着一个个小伙伴辛苦编辑而成，知识虽然是一种共享行为，但是在互联网广大网友的贡献下，成就了这一个个大的平台；再如，百度百科和维基百科也是利用众包模式，使得海量的网友免费贡献自己的时间和智慧，汇集了像百科全书一样丰富的知识内容。只要上网搜一个词条，百度百科和维基百科很可能会是寻求的答案所在。而这一切来源于群体智慧，来源于众包模式。

由于企业受限于区域或薪酬等原因无法招到合适人才，加之互联网时代带来的平台便利，企业也可以通过这种众包模式，把任务分派给拥有相应技能和资源的外部人员来完成。一般众包模式有营销众包、任务众包以及销售众包等形式。

营销众包：营销是每个企业必须要做的事情，营销做得好，产品传播得广，那么就会有更多的市场和利润。较之传统营销只有报纸、电视、广播的营销渠道和存在方式来看，网络营销变得更快捷，时效性也更高，对于用户的精准也更高。众包模式可以把营销环节划分的微任务众包给大量的网友或自媒体网红，他们既是企业产品的消费者，又是产品信息的分享者和传播者，能在短时间内将企业产品信息裂变式传播。如将企业的宣传软文、活动海报、兼职招募等内容众包给微客，以转发内容之后的浏览量或者活动报名数量给分发者酬金结算。不但能够减少雇用员工的成本，同时也能让营销传播的范围更广。

任务众包：如果企业内部缺少优秀的创意型人才，需要一个很好的创意的时候，就需要用任务众包的模式将创意任务包给别人，根据任务完成情况做酬金结算。任务众包的方式也可以有效降低企业的成本，扩大公司利润空间。猪八戒网就是依靠众包模式成为所在领域的第一把交椅。依靠海量服务商，源源不断地提供品牌设计、网站开发、营销推广、电商服务、动漫影视制作、装修服务、工业设计、VR服务等各种高附加值的服务性产品。猪八戒网的众包模式在不断"跑马圈地"，网罗全国各地的优秀人才。在猪八戒网几千人的团队中，有超过1/3是来自重庆、四川等传统意义上的巴蜀文化圈以外的地区，给这个团队注入了不同的活力。

销售众包：一个企业活得好不好，衡量的第一条标准就是销售做得好不好。一个企业从团队的组建到扩增、管理以及各种有形和无形的成本，企业要么处于微利空间，要么处于亏损状态。销售众包的模式可以帮助企业降低成本、提升销售额。例如，对于很多品牌和零售企业来说，可以发展大量的微商、分销商帮助卖货。分销商可以一键分享商品，也可以自己拥有一个独立的线上微店，把自营的商品和企业的分销商品同步上架到微店销售。企业则可以随时掌握所有商品的分销情况和顾客情况。

综观众包模式可以说是一种新的生产方式，这种方式拥有高效灵活、低成本扩张、资源弹性等优点，能够给企业带来更多的机会以及创新经营，同时能够成为中小企业降本增效的利器。另外，也解放了很大的民间力量，让更多的人可以利用空闲时间做自己喜欢的事情，同时又能给别人解决问题，这是一个双赢的过程。

众包模式对于我们国家来说还有更深远的意义，因为大量的优秀人才普遍集中于一线城市和省会等大中型城市，对于远离大城市的小企业来说，对技术和创新人才的需求更加迫切，如果能够通过互联网实现众包，寻找到好的人才，可以为这些中小企业提供切实可行的帮助。

在互联网时代，众包模式使有的平台成功了，有的平台失败了，这些都能带给我们新的思考，有助于孕育更有生命力的众包平台，针对自己企业的性质来设计属于自己的众包模式。

共享模式：共同拥有而不占有

随着生产力的提升，物质过剩成了我们这个时代的主要特征，不少家庭也不再是物质短缺，更多的是物质过剩。比如，家里的汽车在停车场停的时间多过在马路上跑的时间，甚至孩子的玩具买来玩不了几天就丢在家里的角落里，还有看了一遍就放在书柜里不再翻开的书等，这些物质如果能够二次或多次利用，不但能让这个地球变得更绿色环保，还会让物品最大效用地利用起来。

正是源于这样的认知，诞生了共享经济模式。一开始有共享汽车、共享房子，甚至现在有了共享洗车、共享员工。

共享模式带来最重要的影响是使人们对传统消费意识的认知改变，在消费的过程中，不再强调拥有，而是通过共享，以使用代替所有。

往大了看，我们每个人来到这个世界上，能力是有限的，对于物品的使用更是如此，真正拥有的又有多少呢？如果真实实现了共享，可以说是非常利于环保，又能解决物质过剩的问题。

比如，共享汽车可以不拥有一辆车，但是可以拥有这辆车一段时间的使用权，完成从 A 点到 B 点的出行；可以不拥有一套房子，却可以在一段时间拥有一间房间的居住权。从某种意义上，对于发展到今天的人们来说，在某个时间段对于物品的使用和体验，比永久拥有却大部分时间闲置更有价值。

水分布于整个地球，让全人类实现了真正意义上的"共享"，这就是水的价值。在商业与其他领域，某一行业与其他行业，某一企业与其他企业，乃至一个企业内部之间，也都存在着价值的"共享"。在一个完整的商业体系中，互相连接的诸多环节中，某一环节发生了变化，都会带来其他相关环节的变化。比如，阿里巴巴利用网络媒介，把全球各地的中小制造企业和消费者连接在一起，算是一种共享经济；滴滴、爱彼迎等公司把社会中的闲置资源——存量汽车和住房等，有效地利用起来，供更多人使用，是一种共享经济；摩拜单车等共享单车，把自行车插上互联网基因，真正做到让私产具有公共属性，也是一种共享经济。而这些共享经济大部分还偏于服务共享，未来新的趋势更应该是一种价值共享模式。

尤其是2020年的新冠肺炎疫情导致了很多企业招不到员工，有的企业无法开工导致员工不得不减薪或离职，于是有企业开始了一种"共享员工"的模式。共享员工主要是指用人单位之间通过建立合作模式，共同与员工之间形成三方权利义务的法律关系。如阿里巴巴旗下的盒马鲜生，与包括西贝、沃尔玛、苏宁、联想等32家企业达成协议，从这些企业"借兵"1800余人到岗工作。

共享员工的模式既分摊了用人企业的用工成本，又满足了用工单位阶段性或临时性的业务增长需求，还确保了劳动者个人的工资收入，实现了特殊时期互惠共赢、一举多得的目的。这种模式既可以跨企业合作，也可以在同一集团的内部进行共享模式。比如，横店集团拥有上市公司及影视城，受新冠肺炎疫情影响的地区暂停营业，可以把员工临时借给正常营业的店。横店集团推动其下属两家企业主动与横店影视城对接，暂时借用员工，保障复工生产。

所以，共享模式运用得好，可以在减轻企业压力的同时带动更多的人就业，也能让闲置的物品利用率更高。

新零售模式：社交电商事业体

互联网时代，传统零售行业受到了电商互联网的冲击。未来，新零售将成为主流。什么是新零售呢？所谓的新零售就是将线下与线上零售深度结合，再加上现代物流，服务商利用大数据、云计算等创新技术，共同搭建的一种零售模式。纯电商的时代很快将结束，纯零售的形式也将被打破，新零售将引领未来全新的商业模式。新零售最终形成精准化、一站式、全方位、高品质等诸多生活服务体系。

新零售的"新"体现在哪里呢？

首先，打通了线上和线下的局限，实现线上和线下的全网联手。

线上营销是指网站、手机网站、微信网站、网络商城等相互配合，全网营销，实现传播渠道的控制，使销售渠道和销售网点最大限度地接近客户。所谓线下营销是全国招商，在全国各地建立大量的专卖店或者商场专柜，或者分支机构等。

随着时间的推移，线上主要功能可能越来越多的是实现销售以外的目标，比如品牌的宣传、用户信息的获取、新产品测试、服务信息跟踪反馈、售后服务等。许多家居产品需要线下的体验，不太可能直接在线上电商平台的店铺下单，所以需要在线上获取用户的联系信息，然后再通过电话沟通，约消费者来线下体验店并洽谈下单。

线上和线下整合营销无非是解决两件事：客户接收到或者找到了购买产品的理由，并且客户能足够方便地购买。如何让客户了解产品，这是个传播问题；如何能够让客户方便购买，这是个渠道建设问题。而线上和线下整合，正好能够解决这两件事。

2016年11月，国务院办公厅印发《关于推动实体零售创新转型的意见》，明确了推动我国实体零售创新转型的指导思想和基本原则。阿里与百联集团联姻，京东和沃尔玛、一号店达成战略合作，亚马逊提出Amazon Go线下便利店计划……

其次，虚实相结合，给消费者更好的体验。

零售的载体是渠道，相较于过去单一的供货链途径，如今云计算、物联网、人工智能等快速发展，为零售的渠道提供更多可能。与过去的满足式消费不同，现在的消费模式趋向需求型消费，消费者不仅对商品有自己个性化的痛点需求，还需要在情感上与产品产生"连接感"。实现实体与虚拟的深度融合。尤其要利用当下飞速发展、不断创新的数字技术，无限逼近消费者的内心需求，最终实现"以消费者体验为中心"。当下重要的突破口之一就是AR/VR技术的发展，通过虚拟数字画面、数字化现实的形式来提供给顾客虚实结合的消费体验。以阿里巴巴为例，天猫上众多商家已经开启线上虚拟体验，如虚拟试妆、虚拟试衣等，而且阿里"智慧门店"将虚拟试衣扩充至线下，希望提供给顾客快捷方便的购物体验。

最后，推动了商业要素的重构。

对于整个零售行业来说，新零售的出现推动了商业要素的重构，加速了零售经营模式和商业模式的创新，或将引发零售行业的巨大变革。此外，新零售还可以有效减少供需双方的信息不对称性，降低了经济组织的各种成本，从而提升购物效率。对于消费者来说，基于打通线上线下双渠道的新零售，消费者的购物场景将更加多元化，大大降低了搜寻成本与时间成本；对于生产商来说，新零售促成了生产商与零售商的信息资源共享，生产商可根据零售商提供的消费者数据分析实现精准营销，提高企业经营效率。

当新零售向着社区化不断迈进的时候，线上线下的融合发展、新的商业模式的不断探索以及赢得用户的忠诚度，这几点做到了，才能在改革的大潮中掌握好自己的方向，不至于迷路。

资本模式：用资本思维以小博大

要想明白什么是资本模式，先要明白什么是"资本"，只有充分地认识了"资本"的概念与内涵，我们才能正确地运用资本打造好企业航母，真正地发挥资本的社会价值和经济价值。马克思主义政治经济学定义资本为剩余价值，资本是形成企业资产和投入生产经营活动的基本要素之一，说得简单一点，资本就是本钱和本金。

驱动经济发展的"两驾马车"分别是商业模式和资本。其中商业模式是资本的支点，资本是企业价值放大器。中国的中小企业在数量上占据了企业总数的半壁江山，它们有的已经进入高速发展阶段，有的还在艰难度日，有的还有生存危险。发展不好的企业都缺很多东西，但如果问它们最缺什么，我估计有八成以上的回答就是缺商业模式和资本。

有了好的商业模式只是开始，真正要把企业价值放大还需要资本的介入和运营。世界上著名的大企业、大公司，无一不是通过资本运营发展起来的。

比如，小米手机先有了商业模式然后搭上了资本，最后强大了起来。小米的资本模式是这样发展的：

首先，它找到合作方、投资方，告诉他们我将用全新的方式做手机，然后大家一起来做，在还没有开工之前就拿到了投资，并且组建了一个分工型、协作化的团队。然后它先告诉消费者我要做一个什么样的手机，配置是多少、价格是多少。找到了自己的消费者，拿到了订单，这时再去找工厂去做代加工，然后以手机为渠道，不断往深、往外延展。小米用的就是轻资产、精定位、做纵深、高增长的资本思维方式。你会发现，小米背后形成了一条生态链，价值巨大，却又不需要工厂和设备，仅用5年就成为中国第四大互联网公司，价值450亿美元！这就是典型的"资本模式"，其背后的杠杆作用的力量是巨大的。

反过来，如果小米手机按照传统的"市场思维"去运作，那么过程是这样的：首先有了自己的商业模式，需要一笔启动资金，先用于手机市场的调研和产品研发，这个过程需要至少半年；然后再准备一大笔费用去购买设备、建设厂房，接下来开工生产；当产品生产出来之后再去找渠道商，还得去砸钱做宣传，努力卖给消费者；这时如果资金不够了就去银行贷款，进行扩大生产。而传统企业之所以难以为继，症结就在这种运作思路上，最后资不抵债，或者利润率赶不上银行的贷款利息！

资本的注入更看重一个好的商业模式。也就是说，资本更青睐盈利能力，而不是利润额。

利润额代表企业的过去与现在所获得的利润，而盈利能力代表企业可能获得的利润以及未来获得利润的空间。这就是商业模式。

企业的成败与否、强大与否，离不开商业模式，更离不开资本模式，很多企业自身自有资金，认为不需要资本参与。事实上，企业的竞争对手不是这样想的，他们会用资本的杠杆跟你竞争。你的挑战不是来自自身，是来自你的竞争对手。也许不只是来自中国的对手，还有来自世界其他地方的对手的挑战。

投资者为了实现企业价值最大化，必须具备两种经营战略，即资产经营和资本经营，也就是人们常说的商业模式和投融资模式。资产经营与资本经营相辅相成，缺一不可。

资产经营，靠资源赚钱。主要体现在企业的经营管理方面，诸如品牌管理、人力资源管理、产品质量风险管理、营销管理等，都属于资产经营范畴。资产经营的目标是提升经营绩效。

资本经营，靠钱赚钱。试想，如果一家公司既不进行债务融资，也不进行股权融资，完全依靠自己的原始资本和公司积累滚动发展，即便在产品研发、生产、销售等方面都是一流的管理水平，企业也难以做大。因此，公司还需要不失时机进行适度举债和股权融资来扩大规模，充分发挥财务杠杆作用，实现利益最大化，把企业价值放大。

第四章
架构：设计属于自己的商业模式

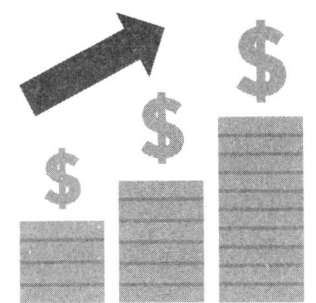

确立企业的价值观

企业价值观是指企业及其员工的价值取向,是指企业在追求经营成功过程中所推崇的基本信念和奉行的目标。简而言之,企业的价值观就是企业决策者对企业性质、目标、经营方式的取向所做出的选择,是为员工所接受的共同观念。

比如,国内著名企业的价值观是这样的:

格力:少说空话、多干实事;质量第一、顾客满意;诚信经营、多方共赢。

阿里:客户第一、团队合作、拥抱变化、诚信、激情、敬业。

腾讯:正直+进取+合作+创新。

华为:成就客户、艰苦奋斗、自我批判、开放进取、至诚守信、团队合作。

顺丰:客户至上、创新包容、平等尊重、开放共赢。

企业价值观就是这样,看似只是口号,里面却包含着企业全体工作人员一致的信心与斗志。

企业价值观是企业的灵魂,它代表着企业存在的理由。不管社会如何变化,产品会过时,市场会变化,新技术会不断涌现,管理趋势也在瞬息万变,但是在优秀的公司中,企业价值观不会变。

企业的价值观多数是由创始人的价值观构成的，然后这个价值观再去影响企业内部的所有员工。

比如，海尔集团的价值观处处体现着张瑞敏的思想印记。在《海尔中国造》一书中是这样写的：张瑞敏是海尔的精神领袖，他创办了海尔，从接收一个亏空 147 万元的小厂起步，16 年后将企业的年销售额发展到 406 亿元。海尔文化的源头是张瑞敏，像一位老师带领一群学生，这些学生信奉老师的真知灼见，把老师的话当作教诲，反复领悟，再创造性地发挥。张瑞敏花了几年的时间，以几句妇孺皆可理解的简单格言，向员工灌输他的复杂的经营理念。

这些格言包括：

海尔理念——海尔只有创业没有守业。

海尔精神——敬业报国，追求卓越。

海尔作风——迅速反应，马上行动。

海尔管理模式——日事日毕，日清日高。

海尔人才观念——人人是人才，赛马不相马。

海尔用工制度——三工并存，动态转化。

海尔市场观念——市场唯一不变的法则就是永远在变；只有淡季的思想，没有淡季的市场；卖信誉，不是卖产品；否定自我，创造市场。

海尔名牌战略——要么不干，要干就要争第一；国门之内无名牌。

海尔质量观念——高标准，精细化，零缺陷；优秀的产品是优秀的人干出来的。

海尔售后服务理念——用户永远是对的。

海尔资本运营理念——东方亮了再亮西方。

海尔国际市场战略——先难后易。

海尔发展方向——创中国的世界名牌。

这些格言既是张瑞敏个人的价值观体现,也带动了海尔集团中的每一个人,变成了海尔的核心价值观。

企业价值观可以说得很宏大,但不一定能做到。说到底,企业价值观并不是多么莫测高深,只要能够做到约束企业不做"不可为"之事就是很好的价值观。比如像万科说的"高于25%利润不做",以及谷歌宣称"不作恶"。企业的价值观应该是理性的,有建树的,符合主流价值观的。所以,企业在确立自己的价值主张时,一定要是可被商业化的价值主张,进而在商业化的过程中,明确下来有哪些"不可为"是需要作为价值观的。

说得通俗一些,企业可以不必仰望星空,只要根据世俗的观点明确自己所在行业的中的道德病灶是什么即可,只要不去碰,就算有价值观了。

把企业做轻，把价值做大

传统企业都在"重"上下功夫，比如拥有多少厂房，招聘多少员工，有多少固定资产等来衡量一个企业是不是有实力。随着互联网的出现，很多企业发现，减少固定成本能使资金更快流转，资产越轻，对于企业发展越有利。所以，相对于"重资产"，有了"轻资产"的商业模式。通常一个企业或一个投资项目，往往在组建一个公司和实施一个投资项目的时候，必须投入很多启动资金和人力，如厂房、设备、原材料等，这属于"重资产"。而所谓"轻资产"则偏向于无形资产，其中包括：企业的经验、规范流程管理、治理制度、各方面的资源、企业品牌的应用。

把企业做轻，把客户价值做大，把业务做强，是未来企业经营的趋势。因为，把公司做轻，可以聚焦能量，在自身擅长的领域实现长远发展和突破；把客户价值放大则是以客户和市场为导向，可以让企业摆脱成本经营和价格竞争的困境，建立以能力为基础的长远竞争力；把业务做强做精是追求产品极致的一种体现。

企业不能再贪大求全，做企业已经不再是能做就做，什么赚钱做什么的时代。随着市场竞争加剧，必须找到属于自己的路线，做出差异化，才有竞争力。中国企业未来必须走轻资产路径，少做产品，多做服务。

在轻资产模式上，小米可以算是一个成功的案例，小米初创的时候，一没铺渠道，二没做广告，单凭粉丝营销就让小米手机一飞冲天，达到家喻户晓的高度，真正意义上实现了轻资产小步快跑的创业神话。

像耐克、可口可乐、苹果这样的公司都是典型的轻资产公司，它们有鲜明的品牌主张和品牌文化，它们为客户创造价值，最值钱的部分是品牌和价值主张，例如苹果品牌本身就意味着创新和技术进步。判断轻资产的标准只有一个，就是客户价值。

时下，许多创业者投入互联网、手机软件等方面的创业。从创业角度看，应该说轻资产的商业模式是比较普遍的，能够在短时间里成长。但轻资产融资比较困难，因此创业者把资本集中在某一个价值链上，这样能在短时间里可以有很高的成长性。只有秉承这种理念，轻资产，重资本，小步快跑进行创新，哪怕是不断试错，也会船小好掉头，而不会因为资产过重，负累至死。

把企业做轻，把价值做大，需要注意哪些要点呢？

1. 企业要追求"扁平化"而非"金字塔"

大部分企业由领导人发号施令，下面听命执行，这种状态往往导致一人独大，下面人执行不积极的状况。比如，华为就是从"金字塔"的中央集权变成小单位作战。小米实施自主经济体，基本上七个人一个小团体，不让团队太大，一但团队出现臃肿现象就要拆分，变成新的项目小组。腾讯也由之前的"以业务为中心"转变成"以用户为中心"，真正以建立用户为导向的经营理念。

2. 简化组织管理

公司越"轻"飞得越快这已经成了大部分人的共识。所以，企业管理者必须在组织管理上进行简化，这既是一项战略决策也是一个人的管理能力的体现。当企业管理者能够充分"授权"，自己只做最重要的20%

的工作，把 80% 的工作授权给其他人，就能实现扁平化管理，其他人也能变得积极主动。对于整个组织来说，每个人都有主观能动性。

3. 把卖产品的思路变为卖体验

轻资产的另一个思路就是在产品在上做文章，产品或服务越"简单"，那么客户的体验越好。所以企业要时刻关注用户需求，不了解用户的需求就无法有针对性地提供用户需要的产品。一个好的产品必须符合增加用户体验和降低用户使用成本这两条原则。因为，用户压根儿不关心技术和实现方式，只在乎体验，所以回归的本质，就是从这两点出发。

4. 转换"重视资产"为"重视人才"

重视人才是目前很多企业创新的起点。大部分企业宁愿花大钱买机器、建厂房，但不太愿意请专家顾问分析企业经营模式。这就是一种重视资产超过重视人才的状态。还有一部分企业任人唯亲而不是任人唯贤，使得不少优秀的员工选择离开。还有的企业管理者喜欢"听话"的员工，遇到有个性并有能力的员工往往不太看好，也会导致真正有能力的人才被逼走。所以，企业要克服"资产情结"，要转换思路，人才是最贵的资产。及时处理掉不符合公司发展方向的资产，采用轻资产进行经营，逐步提升资产的利用率。同时也要加强员工价值分析，而不是凭个人喜好判断员工的好坏。

5. 让规模变轻，让效率提高

贪多求大是很多企业的通病，认为公司的规模大就是好公司。但随着市场进化，规模的大小已经不是衡量一个企业是否优秀的标准。比如，一个小规模的公司只要速度快一点，价格低一些，包装美一些，产品更便利，服务更人性化，这样的小规模要比大规模生存得更好，小而美的公司也是未来的企业发展趋势。

6. 注重客户，然后再扩大销量

大部分企业认为，销量越大利润越高，这当然是不争的事实。但是，销量是否能够增大的前提是企业的服务或产品是否注重客户。如果你把心思完全放在如何卖产品上，而不去考虑客户如何才能买的话，这样是不可能提升销量的。所以，无论是产品和服务都要在价值上做文章，别在价格上动脑筋。当一个产品有了价值，价格还是问题吗？比如，苹果出新系列的手机，在还没有推到市面销售的时候，消费者已经连夜排队等待抢购。一个产品或服务要能够为客户提供整体解决方案，而不仅仅是方案中的哪一部分。我们在接受每一笔业务订单的时候，首先要明确一点，企业的客户是有限的，产品的数量也是有限的，我们可以通过预测它的有限性，对能赚到的钱做到心里有数。这就需要企业的经营一定做到有价值，要清楚明白企业经营的目的，到底是基于成本考虑还是基于价值考虑。

7. 先观察市场，再加大生产

小米之所以是轻资产模式的典范，是因为当时小米先有了发烧友的预订，然后再进行生产，所以，根本不存在压货的现象。客户是一个企业的生命，当你有了潜在的客户，产品才有市场，而不是先有了产品再去寻找客户。国内的很多企业都缺乏专门研究市场和行业的专业人才，生产哪一种产品完全凭老板个人经验和直觉。企业到了一定规模必须以市场和客户为导向，这样才能保持长效的竞争力。

把企业做轻的根本目的是要提升资产的周转率，降低资产的闲置成本，这是资产的效率。所有颠覆式的商业创新都是30%以上的效率提升和成本降低。以此看来，轻资产模式是在高效率、低成本、确立行业底线的驱动下实现的，而不是相反，轻资产不会自动带来资产效率的提升。

内部股权激励:让企业自动运转

传统企业模式中领导起带头作用,领导的能力强,则团队带得好,企业就能跑得快,赚钱的效率高。反之,如果领导不优秀,企业就会变得僵化、亏损甚至解散。如何让员工能够像老板一样干活,使企业自动运转呢?需要的模式就是内部股权激励,让员工成为企业的利益共同体。如果股权和利润是老板一个人的,那企业是否发展,利润是多少,也只有老板一个人关心,员工只关心自己这个月能不能领到工资,这个月会不会被扣奖金,其他的一概不管。因此,要想让企业自动运转,老板不但要懂得赚钱,还要懂得如何分钱,如何分股。分钱可以快速激励团队,分股可以凝聚人心,共创未来。耕者有其田,业者得其股。一边分钱,一边分股,以钱得股,以股分钱,事业共创,生生不息!

就像华为任正非说的那样:"股权激励"就是有计划、分步骤地实施共创共享的激励设计。先让员工形成合力,再形成战斗力,然后转化为生产力和经营成果,最后根据投入与贡献分享剩余价值,并持续推动公司实现良性循环,这是股权激励的内在意义。

很多企业之所以做不到员工和企业一条心,往往由于企业内部没有明确分工,更没有充分的授权。员工即使想放开手脚干,也会有所顾忌,从而不能够充分发挥他们的作用,整个组织的绩效和运转水平处于低水平。在市场激烈竞争的状态下，绩效低的企业就暗藏着被淘汰的风险。如果企业实施了内部的股权激励，那么情况就会大大好转。员工是企业的股东而不是单纯的雇员，所以主观能动性就会体现出来。但这里面有一个前提，给予股权激励的同时，也要充分授权，不然股权激励就会变成了福利，而不会起到激励的作用。比如，很多企业看似给了员工股权，但员工一旦积极努力工作，想多干点自己拍板的事，老板就会批评，甚至是批斗，这样的员工又如何放开手脚呢？

老板不能充分地分工授权，根源在哪里呢？还是老板放不开，觉得企业是自己一个人的，即使实施了股权激励，老板也还是认为这家企业完全属于自己而不是大家的。这样一来，股权激励对象的积极性就遭到了痛击，股权激励的作用也就荡然无存。

所以，再伟大的战略构想，如果不落地就永远无法实现。股权激励的核心是"激励"，但离开了约束的激励就变成了福利。另外，没有授权的激励，依然是鼓励而不是激励。因此，实施股权激励的同时必须同时进行考核，只有对希望通过激励达成的目标进行考核，才能真正起到激励的效果。

餐饮业成功的内部股权激励当数海底捞，在《海底捞成功的基石：优秀的人才激励机制！》一文中是这样写的：

海底捞分拆出了颐海、蜀海、微海、海海科技等多个公司。如今，连外卖业务也独立出来。从一个全揽底料加工、物流配送、工程建设、门店运营等多项业务的公司，到分为多个独立个体的公司。

在2016年9月内参举办的"心传工坊"上，施永宏曾介绍过海底捞的两次组织结构变化：第一次是把人力、财务这些部门都变成门店的服务部门，绩效由门店来评价，部门之间也要"把对方当作客户"；第二次是2012年、2013年的时候，把部门全部独立出来成立公司，让一个成本费用中心变成一个利润中心。"用流行词来说是生态链布局，但我们当时做的时候没有想到生态链，就是为了解决问题而独立的。"施永宏在课堂上说。

海底捞不会直接考核门店的业绩，只考核顾客满意度和员工的努力程度。店长的升降和业绩没有直接关系，但薪酬和利润有关。即使是利润上百万元的门店，管理不好店长照样会被降级。

施永宏认为，不管是一线员工还是管理层，都需要一个激励的环境。如果做得好坏和收入升迁没有关系或者关系很小，那么员工就会没有动力去做。施永宏称海底捞的绩效考核法为过程考核法。当员工的升迁不与业绩直接挂钩时，他就会聚焦到客户的身上，更直接更全面地去迎合客户的满意度。

海底捞的授权制度也是餐饮业内所称赞的制度，每一位员工都拥有免单的权利，店长拥有人事权、薪酬权以及选店权。在紧急情况下，如果店长需要10万元，不需要打申请可直接使用。海底捞的这一授权制度，也侧面反映了对员工的信任。

施永宏曾说，要把人善的一面激发出来，遏制住恶的一面。最终要实现什么？从要他干转变为他要干。

看完全文，我们就能够明白，海底捞的员工为什么能够做到每天工作的每一分钟都是元气满满的状态了。

股权激励能给企业带来很多好处，比如，内部的股权激励，能够让老员工踏实，也能让新员工看到希望，这样他们在工作中是放心的，没有后顾之忧，人员流动就会减少，从而打牢企业的基础。通过股权激励，提升员工的积极性，产生更多的主人翁意识。如果没有股权激励，无论薪水高低，员工都会把自己放在一个打工者的位置上，心与企业是分开的。有了股权激励则会产生质的不同，他们会觉得自己不是为了别人打工，是在为自己创造一份有未来的事业。股权激励也可以放大企业管理者的格局，提升他们的眼界和胸怀，他们不再把企业当成私有财产，而是带领别人一起获得更多的财富和幸福。像任正非和马云都有这样一颗成就员工的心，才做出了优秀而伟大的企业。当然，任何事物都有两面性，股权激励方案用得好才可以使企业"如虎添翼"。在制订股权激励方案时，一定要把握好一个度，这样才能让员工与企业共同成长，实现双赢。

警惕打败自己的是路人甲

有一句流行语："这个时代，可能你连对手是谁都不清楚，就被打趴下了。"微信打败了手机短信，360打败了瑞星，美团、饿了么打败了康师傅和统一，共享单车让卖自行车的店铺关门，让修自行车的人失业，滴滴让出租车司机头疼。在这个万物互联的新世界里，你永远都无法想象下一个竞争对手是什么样的，你也很难猜到又有什么新兴的行业来打败原来按部就班的传统行业。

就好比现在手机的拍照功能越发强大，以后很可能会替代专业的相机，做手机的干掉了做相机的，搁很多年前，谁能想到？

所以，要时刻警惕打败自己的是一直以来的竞争对手还是与你毫不相干的路人。这非常重要，也是一个企业该有的敏锐与察觉能力。每个人唯一能做的，就是保持一个足够开阔的视野，每当有新鲜事物发生、新兴行业兴起的时候，多去发散思考一下，说不定想到某些点，将它们串联成线，就可以比别人早一点看到未来，早一点抓住机遇呢。

各种科技产品层出不穷，各行业竞争激烈，更重要的是，各行业中的巨头除了要面对来自本行业的挑战者之外，还可能会遇到跨界而来的挑战者。也就是说，一个行业的巨头公司，随时有可能会被意外的竞争对手直接淘汰掉，而且这种情形早有先例。

所以，企业要居安思危，要做到有备无患。有时候，给你的产品造成威胁的不一定是你的同行，无论哪个行业，只要有能够满足消费者的需求，都可能有人来搬动你的奶酪。不管是企业，还是商家，对未来有所准备，才不至于在灾难来临时手忙脚乱，不堪一击。所以，想要在未来不被淘汰，我们的首要任务就是看清自己所处行业的现状，怎么做才是对的、才是符合时代潮流的。

如果不被跨界威胁，能做的就是主动积极去跨界融合。当线上线下在逐步融合的时候，转变快的实体零售企业已经逐渐适应了新消费趋势的变化，分毫不变的企业最后的结果肯定是死路一条。当然，这种"变"不一定是融合互联网，也不一定是要做电商，更不是单纯地变大或变小，而是一种跨行业或跨业态的融合。

比如，书店与咖啡馆融合，成为新的阅读休闲场所；工艺品销售与家装公司融合，成为新的家装与销售服务模式；手机销售与科技体验馆融合，成为新的电子产品科技体验场所；星巴克与优衣库"联姻"，在服装店里卖咖啡；H&M在旗舰店里卖起了家居用品，美特斯邦威也在旗舰店开设了书吧和咖啡吧，无印良品将自己的店开进了酒店里……

这一切，都是在跨界融合。

如果不知道打败自己的是谁，那么跨界融合带来新的机遇，也会让你觉得不知道下一个能够和自己合伙、一起共创新时代的是谁。未来，将更多的不同行业、不同业态的资源和优势集聚在一起，产生更大的能量，获得更好的发展。更是在跨界竞争者来临的时候，能够有与他一搏的机会。

未来的企业要做好四点：一是读懂消费者，做产品或做服务，不仅仅要质量好，还要好玩和有趣，还要健康有机，绿色环保；二是玩转全渠道，线上线下全布局，社群还要会经营；三是以诚为本，以信为先，未来最值钱的商品是诚信，未来最值钱的人脉是人的信用；四是跨界融合，没有做不到只有想不到。

企业的跨界融合要怎么做呢？

首先，两个企业之间不但互相融合还能优势互补，而不要逮住一个企业就跨界，没有融合或互补，跨界就是一个美丽的传说，跨得好但融不了。这个融合就是取长补短互相扶持。不要以为强＋强＝强，反而是弱＋强＝双赢。

其次，双方融合的客流共享是否等于销售额倍增？互补的余地越大，效果越明显。比如可口可乐＋航空公司的跨界融合就做得非常成功。谁拿到了可口可乐推出的限量瓶，谁就能坐头等舱，这就是一个互补。

最后，跨界要深，三观要趋同。不论是打造企业形象还是引流带货，要获得用户的认可，有深度才行。跨界营销需要更加多元化、多层次地结合双方的文化，需要双方共同打造内容。品牌跨界的背后其实是双方品牌对于价值观、生活方式、用户体验等信息和理念的共享，所以在进行跨界时，需要考虑清楚双方的目标用户是否存在共性，品牌输出的理念是否相符，是否能够进行互补互利。尽可能找到品牌之间的共通点，这样才能更好地相辅相成，促进双方的发展。

加码"剃刀与刀片"模式

办企业做生意的根本目的和生存基础是获利。在应对竞争中持续获利，这是非常考验人的。如何既能赢得竞争，又不用向消费者让利，这就需要智慧了，需要强大的商业模式。所以商业模式的本质，是在获利与让利之间寻找平衡。企业通过收费来获利，通过补贴来让利。有一个模式就是先给予消费者让利，然后在后续的产品上得到补贴，这个模式就是"剃刀与刀片"的模式。

这个模式源自非常著名的金·吉列发明了可更换刀片的剃刀组合。这种剃刀销售非常成功，在推出不到 3 年的时间，吉列公司就卖出了 1.34 亿套刀片，剃刀与刀片模式逐渐风靡全球，被很多企业借鉴和模仿。

很多企业经营的失败率高，因为他们都是从找产品开始，而盈利高的企业往往从找用户开始，然后根据用户需求找产品。尤其是在产品泛滥的今天，缺的不是产品而是用户。如果有了用户，再根据用户的喜好去设计自己的营业方式和商业模式，那么才会有针对性，也会有意想不到的收获。剃刀与刀片的模式就是这种先找用户，后推广产品的商业模式。

在剃刀与刀片模式中，企业以低于成本的价格销售剃须刀，甚至免费赠送，但高价销售与其配套使用的一次性刀片，以此获得收入。由于一次性刀片是易耗品，需要频繁更换，于是吉列通过专利来锁定客户，使竞争对手无法以更低的价格来提供适用于吉列剃刀的刀片，消费者只能购买该企业生产的刀片，给企业创造巨大的利润。

这个模式的原理和免费模式相似，通过降低基础产品的购买门槛来吸引客户，以频繁更换的配套产品来获得丰厚利润，本质上是配套产品对基础产品的一种交叉补贴。

利用这种模式赚钱的案例很多，比如亚洲航空的飞机票很便宜，从上海飞新加坡只需要几百元，这样就很容易超过其他航空公司。但是它的点心要收费，水要收费，行礼超重也要收费，额外的服务要收费，它通过附加价值赚钱。比如奥迪汽车是某些政府的官方用车，所以定价不能太高，那怎么办呢？奥迪汽车就把车里面的零配件的价格定得很高，车子一旦出了问题去修的时候，政府是不考虑维修费用的。奥迪非常懂得用附加价值赚钱。比如，现在的互联网行业通过免费使用聚集大量的顾客，然后靠广告赚钱。电影院和体育场通常也是一半靠门票、一半靠其他东西赚钱。这都是增值服务，也是"向上"加码策略。比如，某律师曾写信给所有的客户，并且提供两个半小时的免费咨询服务，协助他们检查是否有忽略的必要的法律程序。他的老客户中有一半接受了此项服务，其中又有一半后来成为他的付费客户。

虽然这些行业不同，但他们用的都是剃刀与刀片的模式。如何玩转这种模式需要有两点注意事项：

1. 企业要有完整的产业链

这个模式前期是让利的或者是免费的，那么一定要有后续完整的产品线供用户主动来使用产品，这样企业才能得到补贴。如果没有完整的产业链，前面的让利有可能让后期变得血本无归。比如一些App前期推出免费试用，但限于流量或产品本身不太强大，后面不但得不到用户使用增值服务的补贴，还会被迫关闭。所以，在使用前期让利、后期得到补贴的这种剃刀与刀片模式的前提，是一定要保证完整的产业链，知道盈利点在哪里，不盲目让利。

2.新企业不要盲目去尝试

企业只有拥有了一定的市场基础，才能去分析消费者，才能找到产品的忠实用户。只有这些真实的数据才能为将来产品投放市场做精准预测，如果在前期无法做出准确的用户调研情况下，建议尽可能地控制成本或是小范围投放市场试水。

第五章

定位：找到潜在上帝，争夺心智资源

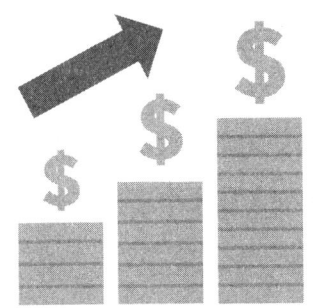

找到进入用户心智的途径

从注重营销到注重产品再到注重用户,经历了产品为王、渠道为王、定位为王的变化。为什么这么说呢?真正注重用户的需求离不开定位。所谓的定位也就是找到进入用户心智的途径。真正的品牌,能够在用户心智中实现预售,在顾客还没有看到产品的时候就已经确定要选择它了。

在移动互联时代,人们能够通过各个渠道接触到无数广告信息;而随着新零售的改革,产品眼花缭乱、层出不穷,你所要的任何产品几乎都有多个品牌提供。所以谁能抢占"用户心智",谁的产品就能脱颖而出。

一旦占领了用户心智,提到某个广告语,就能想到是哪个品牌。比如"怕上火喝王老吉""累了困了喝红牛""农夫山泉有点甜""康师傅就是这个味儿",这就是一种让用户一听就能想到的品牌。再如,"充电5分钟,通话两小时",你想到的是哪个手机?"为发烧而生",你想到的是哪款手机?

这些现象说明,消费者可以主动或被动地接受品牌的传播和影响力,也正因为此,这些品牌找到了进入用户心智的途径。

从以上现象我们明白了什么是"心智",就像说到空调第一时间想到格力,说起牛奶第一时间想起蒙牛、伊利。说一个品类,就想到与之对应的品牌，这就是真正的占领心智。心智是人在复杂的环境中做出一种习惯性的选择，这也是消费者对自己的一种保护而做出的选择。比如，很多人买东西相信大品牌，网购愿意选旗舰店就是这个道理。

用户的记忆力有限，对于心仪的产品最多能记住两三个，所以，企业品牌要占领消费者心智，否则在多如牛毛的品牌中就会失去用户的注意力和关注力。换句话说，就是要在消费者与品牌之间建立一种联系，可以让消费者在有需求的时候第一时间就想起自己的品牌。

在品牌刚进入市场的时候，就要与大众产品有差异化，这个差异化就是产品的理念，一个有创意的品牌名能让客户很容易对品牌产生记忆点，同其他的品牌区分开来，这对品牌的宣传效果具有十分关键的影响。

进入消费者心智的第一步是有一个好的品牌口号，其中体现出产品的内涵和理念，还要能吸引住消费者，让他一听品牌的口号就能在心智中为品牌埋下购买的种子。

许多优秀产品和著名品牌，就是在优秀广告语的伴随下走进人们生活的。完全可以这样说，优秀的广告语已经形成人类的一座文化宝库，它是人类智慧的结晶，本身自带宣传和流传效果。

第二步是要把产品的价值感传递给消费者。很多时候，消费者买的不是产品本身，而是这个产品带来的价值。为什么同样是手表，有的卖几百元，有的卖几万元；为什么同样是汽车，有的卖几万元，有的卖几百万元；同样是服装，有的卖几十元，有的卖几千元，不是因为后者的产品品质更好，而是后者体现的价值感更强烈。产品之所以有价值，是因为商家把一种理念导入了产品，让消费者从理念中感受到了产品的价值。消费者要的是健康、美丽、舒适、安全、尊贵、成就、荣誉和面子。所以我们不管卖什么产品，都是围绕这些理念做文章。

消费者买的不是化妆品，而是他们需要美丽；

病人买药品，因为他们需要健康。

因此，真正卖的是产品的价值和理念。有人需要健康，什么产品代表健康，就是他需要的；有人要安全，什么产品代表安全，就是他需要的；有人要尊贵，什么产品代表尊贵，就是他需要的。人们花几万元买一个手表，要的不是看时间，而是尊贵和面子。

比如我们知道的是麦当劳卖的是快乐，星巴克卖的是休闲，小米卖的是参与感，王老吉卖的是"去火"，沃尔沃卖的是安全等，无一不是在卖理念。

无论是新产品走向市场还是老产品持续赢得市场，都不要在产品本身上下功夫，而是要看产品是否有价值、有理念，产品能够向消费者传达什么信息，这些信息是否能让消费者接受并喜爱，这些都是要考虑的因素。

一个产品或服务的理念不在于它的产品有多酷，不在于它的平台有多好，不在于它的广告有多炫，而在于它的产品理念是否深入人心。

那么，用户心智是从哪些方面打开呢？

企业无法凭空就改变用户心智，只有用户受到影响自己改变才行。企业要做的就是在产品、渠道和媒介上下功夫，从而阐述一些事实，让顾客产生改变。

首先，产品要投放在市面上，尤其是新产品，除了要把口号喊得响亮之外，在做工上、包装上都要下功夫，一个做工精致、包装精美的产品自然而然会有更大的概率得到青睐。放眼看来，当下那些营销做得好的产品，无论是广告文案还是包装创意，都会给人眼前一亮的感觉。之前农夫山泉的包装可以说是不太讲究，现在随便买一瓶水，外包装不但有美丽的插画，还配有诗意的文字，都会给消费者带来不一样的感觉。

其次，开辟多元化的营销渠道。多元化的营销渠道会让产品更能进入用户心智。同样做矿泉水，娃哈哈赢在渠道创新上，娃哈哈建立了供销联合体，通过合理的利益分配机制，到达了更多的零售终端，实现了更多渠道的拓展，最终成了矿泉水销售的老大。消费者不用知道一个产品是不是品质好，但消费者可以从不同的渠道看到这个产品，就认为是好。如果渠道广泛，那么客户见到这个产品的机会就增多，消费者就会觉得这是一个全国性的大品牌，从而更放心去购买，更愿意去购买。所以，好产品的渠道为王，这话说得一点儿也不夸张。

最后，因为产品的竞争压力增大，不是所有的产品都能达到全渠道零售，那么考验企业的第三个实力就是如何通过媒介来达到宣传的目的。无论是硬广植入还是软文推广，都要花心思，不要让消费者反感，一个产品的宣传不让人反感就等于迈出了很重要的一步。渗透性的宣传比强烈推广更有效果。

通过这三点，做到"产品+渠道+媒介"，打造一个有竞争力的战场，慢慢去打开用户的心智。如果看不到心智战场的存在，不懂心智战场的规律，那么企业在现实中的行动，必然像没头苍蝇，即使取得成功，也是误打误撞，难以持续。

打造爆品 = 极致 + 口碑

产品营销的核心有两个，要么把产品打造成爆品，要么打造成长销品。而爆品和长销品又互相支持，好产品可以成为爆品，爆品往往带来"畅销+长销"。反之，产品最多昙花一现就销声匿迹了。

打造爆品离不开产品本身做到极致，也离不开用户的口碑。无论是产品还是服务，用户说好才是真的好。比如，雷军的小米，乔布斯的苹果，任正非的华为，都是在口碑的推动下变成了长销的爆品。产品如此，服务也如此，比如，海底捞就是服务领域的爆品；比如，瑞幸咖啡迅速崛起，成为第二大连锁品牌，开了几千家店面，可以说是时尚休闲界的爆品。

为什么说想要打造爆品，一定要有追求极致的初衷。大部分人都知道日本的产品、德国的产品值得信赖，就在于他们有一种追求极致的精神，在市场上推出的产品经得起考验，用户使用后的体验非常好，从而形成了强大的口碑效应。前面我们提到苹果和华为，这两大品牌就是先有了产品的极致，才有了后面的口碑。

苹果手机无论是外形的设计还是使用上的人性化服务，都追求完美。有人打开苹果手机看内部设计，认为它堪称伟大的艺术，做工精致，用料考究。华为也是如此，任正非是这样形容华为人的：华为没那么伟大，华为的成功也没什么秘密。华为的成功靠的就是傻傻的阿甘精神，也就是目标坚定、专注执着、默默奉献、埋头苦干！华为选择了通信行业，这个行业比较窄，市场规模没那么大，面对的又是世界级的竞争对手，我们没有别的选择，只有聚焦，只能集中配置资源朝着一个方向前进。犹如部队攻城，选择薄弱环节，尖刀队在城墙上先撕开一个口子，两翼的部队蜂拥而上，把这个口子从两边快速拉开，千军万马压过去，不断扫除前进中的障碍，最终形成不可阻挡的潮流，将缺口冲成了大道，城就是你的了。这就是华为人的傻干！华为人这种"傻傻"的坚持，就是追求极致的"匠人精神"！

正是这些追求极致的精神，苹果手机风靡全球，华为一代又一代手机赢得了半壁江山。所以，无论是企业还是产品，想要打造超级可信度无非就是赢得"口碑"。

"口碑"就是我们老百姓之间的推荐，先对某个公司或产品产生兴趣，然后产生消费需求。

顾客之所以购买你的产品，主要因为他们对你的品牌和服务非常满意，因此才会重复购买。同时他还能介绍其他的人来，这就是口碑的力量。

商业模式是设计出来的

找到用户未被满足的需求

有人概括说,真正的商业模式其实并不高深,无论哪一种商业模式,它的起点一定是客户的痛点。当别的产品无法触及客户的痛点,而你的产品触及了,你就占领了市场,你就找到了潜在的消费者。简单来说,任何商业模式都源自企业对客户需求和痛点的理解和把握。你的产品、你的服务会不会赢得消费者,首先是要看你能不能解决用户痛点。

所谓痛点,就是消费者的基本需求与潜在需求,或者说急需解决但还没有得到解决的问题。

比如,很多人都用手机,在室内还好说,到了户外想要充电怎么办?这个时候有创业者发现了这个需求,于是研发了一种新材料解决户外充电的问题,这就是解决痛点。再如,由于食品安全问题让很多消费者觉得进嘴的东西都不安全,于是针对这一问题,有创业者为了让用户在外面吃饭或者购买食材的时候能够及时快速地检测食物是否安全,同时又便于携带,做了一个以智能光谱为依据的食品安全检测平台。原理是任何物质发出的光谱都是不一样的,产品在对食材检测的时候,获取食材光谱数据,然后与云端数据进行对接,快速地分析检测出食材的相关健康安全数据。这就是通过解决用户需求和痛点找到的突破点。

成功的产品都有规律可循,无一例外,他们都瞄准了消费者"痛点",继而实现创新,取得巨大成功。

小米开发的"小米遥控器"这款应用软件,它可以将消费者的智能手机变成小米盒子、小米电视的遥控器,从而解决了人们看电视时经常找不到遥控器的问题,基于这个设计,"小米遥控器"获得了市场的广泛好评。

乔布斯曾经提到,他们一开始并没有想到要制造 iPhone,但当他和公司高管聚集在一起抱怨他们的手机操作有多么让人痛苦的时候,他们开始意识到消费者可能也遇到了同样的问题。于是,从自身使用痛点出发,也就意识到了消费者的痛点,于是一个以解决消费者的痛点为主导的苹果产生,最终颠覆了以产品功能为导向的诺基亚。

有句话说得好,消费者未被满足的需求就是创新点。对于任何产品和服务模式来说,找准这个"需求点"都是创新的第一步。

那么,如何寻找消费未被满足的需求点呢?

1. 在做产品之前多问几个为什么,多去想想有没有更多的可能性

如果你是做保健品的,就要问问自己,这个保健品与市面上其他的产品比较优势在哪里?如果你是做网络课程的,就要问问自己的课程能够解决用户的哪些痛点?别的产品为什么无法解决呢?最好的例子比如"樊登读书",当别人还在讲课的时候,樊登开始讲书,讲一些好书,因为在他看来,现在人们很忙,没有时间去安静地读一本书,如果自己能够讲出来,正好解决人们的痛点。事实上,这个痛点找得非常好,所以樊登读书非常成功。

2. 对已有的产品进行更广泛的拓展

在性能方面或价格方面做文章,也可以从人群角度创新,比如,有一款产品最开始是主推减肥,与竞争对手拉不开距离,最后该产品主要

针对年轻的产后妈妈做宣传，就是找到了痛点。因为大部分新手妈妈经历过生产以后体态变形或变胖，如果一个产品能够针对她们减肥塑形又安全，这不就是潜在的市场吗？

3. 深挖消费者习惯

同样的产品有的消费者不喜欢用，有的喜欢。如果挖掘出了消费者习惯，无疑又找到了一批忠实的用户。比如年轻人喜欢时尚另类，他们喜欢选择充满地域特色的民宿，而不太愿意住连锁酒店。如果是做酒店行业，就要在情感、服务、时尚等方面找差异化。

4. 了解客户的渴望度

研究客户的需求有多迫切，比如学区房，比如对于自己的健康问题、养老问题等，它们是人们生活中必须要有的。这些要深入地思考和挖掘，随着生活水平以及环境的变化，消费者的需求也会有所变化。比如之前人们觉得吃肉很好，现在大部分认为吃素更健康，更时尚。

想要找到客户未被满足的需求不是闭门造车，也不是凭空想出来的，更不是做个调查问卷问出来的，而是通过不断进行场景还原得出来的。所谓的用户调研，最核心的目的并不是满足老板的心理需求，而是不断地抽丝剥茧，将用户使用场景不断细化，利用需求不断地更新迭代自己的产品，才是正解。

"五感协同"提升品牌影响力

所谓"五感"就是形、声、闻、味、触,也即人的五种感觉器官:视觉、听觉、嗅觉、味觉、触觉。五感协同指人在面对一个事物时,往往不单靠某一种感觉,而是会调动起多种感觉来对某件事物产生兴趣。比如,去饭店点菜,不单要味道好,色彩也要看着舒服,摆盘的造型也要看着顺眼,尝起来的口感还要好,这就是五感协同的意义。再如,看电影的时候要是去掉音效、对白和音乐,这样的电影一定太糟糕了。再如,电影去掉图像和对白,只剩音效呢?还是一样,对观众没有任何吸引力。

一个产品想要吸引消费者,从一个方面努力已经跟不上节奏,必须在"五感协同"方面下功夫才行。不但产品的外观精致,色彩搭配、手感触摸、视觉体会等都会影响一个产品的整体价值。很多企业已经知道了产品打造"五感协同"的重要性。

五感官贯穿在人们的日常生活中。

无论是对人还是对事的印象,大部分来自感官。当一个人与外界接触的时候,往往靠五种感官来感受事物,比如买衣服会用到触觉,触摸感觉衣服的材质;买鞋的时候可能会用到嗅觉,闻闻皮革的好坏;买食品的时候会用到视觉,觉得颜色亮丽的食品更容易心动……这些就是五感在起作用。大部分企业都开始将"五感"概念延伸到品牌设计或营销中，因为这种营销不但完整，还会收到非常好的效果。

以星巴克咖啡为例，就是最好的五感营销方式。店内会播放十分柔和的音乐，用以调动消费者的听觉；店里浓郁的咖啡味道扑鼻而来，打开了顾客的嗅觉；品尝一杯口味不同的咖啡，体验到了味觉；店里窗明几净，充满艺术气息，打造出独特的视觉。这一切加起来就会带给进店的客人不一样的感受，身心都会放松，找到一种闲适的"第三空间"。

所以，品牌要提升影响力，如果忽略了这些因素，是很难打动消费者的，很多产品只追求了视觉和听觉，却很少有人能够做到五感协同。为什么要在五感上下功夫呢？我们来看看这些感觉对产品都有什么帮助。

视觉：塑造产品的第一直观印象。视觉的魅力不言而喻，消费者首先就是用眼睛看，一个醒目的标志，一个科学的配色，一个独特的造型，都可能让消费者眼前一亮。比如，麦当劳的黄色大"M"让人远远看见就有温暖的感觉。再如，造型独特的汽车设计，远远看去就让人心动。

听觉：用声音连接心情。我们都有听音乐的感受，一首好听的音乐会让人心情变得舒缓放松，一首高亢的音乐让人莫名想跟着舞动，这就是声音对情绪的影响。可口可乐广告中开瓶的"噗"声总给人很多满足感，也让人产生了质量和功能的认知。戴姆勒-克莱斯勒特别成立一个研发部门，专案研究"完美开关车门的声音"。

嗅觉：气味带来安全感。有研究结果表明，在闻到香气时，我们的心情变好的程度达到40%，特别是当这种香味能勾起美好回忆时。比如我们走在飘着奶香的面包屋旁，总忍不住想进去买上一些。迪斯尼乐园的爆米花摊，在生意清淡时，会打开"人工爆米花香味"，不久顾客便自动闻香而来；新加坡航空公司空姐身上的香水，是特别调制的"热毛巾上的香水味",是新航的专利香味。这些都是在嗅觉的作用下调动顾客的积极性。

味觉:看不见的力量却很强大。味觉似乎很个人化,没有亲自尝过就无法感知是什么味道。事实上,味觉是可以大众化的,比如,看到雪碧的广告,大家就有一种凉凉的、酸甜可口的感觉在口腔里蔓延。肯德基的广告中,红红的辣椒透过屏幕也能让人觉得过瘾,这就是品牌宣传加入味觉的功劳。比如,牙膏可以做成甜甜的,那牙线和牙刷为什么不可以呢?

触觉:好产品的手感会说话。很多产品都开始注重外包装,就是一种触感设计的创新。比如手机越做越薄,手感越来越好。品牌在触感上能够找到自己的标志性感官元素,才会让消费者越来越喜欢。

五感之间的协同效应越强,信息发送者和接收者之间的联系就越紧密。因此,品牌营销的目的应是确保所有与消费者之间的纽带都能获得感官元素的支撑。如果做不到这一点,你的品牌就会面临极大的风险:你正在失去竞争优势,而我们——消费者,正在逐渐远离你。

高级体验模式不仅将上面提到的视觉、听觉、嗅觉、触觉、味觉都融入了其中,而且还会使消费者感受到一种文化的东西。它是最能使人感觉到愉悦的全方位参与的购物行为方式。如有的项目将吃喝玩乐、旅游、休闲、文化、购物充分融入,除了使人们享受到视觉的冲击、游玩、美食外,还带来了很多极具文化特质的东西。

总之,高级体验模式是触动人的"灵魂"的,不仅愉悦,而且难以忘怀,使人有再次购买和体验的冲动。

化繁为简，省心，用户才会动心

简约不简单成了当下品牌追求的最高境界。从无印良品到苹果公司都在追求一种简约的美。简约之风的刮起是必然的，生活节奏越来越快，人们压力也越来越大，大众不会有太多的精神和时间驻足在烦琐的事物上。这是一个信息泛滥又超载的年代，人们每天接触到的信息眼花缭乱，用到的产品层出不穷。比如，最简单的例子是手机的功能特别多，但人们真正全部掌握的没有多少。手机里下载的 App 特别多，但其实真正能让用户一直保持关注并且用的也就那么几个。往往这几个都是简单好用、有好友参与、体验有趣且众人推荐的，说到底，留住用户的不一定是功能多强大，而是产品简单好用，化繁为简，用户省心才会去使用。

人们已经没有耐心通过学习复杂的步骤去搞懂一个产品，花费繁复的过程才能体验到乐趣，简约的力量呼之欲出。品牌简化考验的既是产品的设计者，也是考验一个企业的真正实力。当你用很简单的办法让消费者满足需求，你就占领了市场。而大部分的消费者也表达了愿意为简约的品牌体验付出更高价钱以及向他人推荐的意愿。

乔布斯曾经说过这样的话："专注和简单一直是我的秘诀之一。简单可能比复杂更难做到：你必须努力厘清思路，从而使其变得简单。但最终这是值得的，因为一旦你做到了，便可以创造奇迹。"简单化会让产品变得更受消费者欢迎。如乔布斯设计 iPhone 时的一大思考就是如何更简单，他的简单理念是：手指就是最好的鼠标和键盘，因此，他去掉了传统的 QWERTY 键盘，选择了全新的触摸屏方案，而他创造了"少就是多"的全新体验。

当年微信没有火的时候，人们几乎全部都在使用 QQ，但随着微信问世，QQ 只能退居二线。原因就在微信更简单，用起来更好。虽然没有 QQ 的功能多，但却能够解决用户日常的沟通需求，又没有那么复杂。

所以，一个品牌要追求简约的力量。品牌在台前呈现出的简约表现往往意味着企业方要在台后做出更多努力。在信息超载、资讯过量的时代，对于品牌来说，化繁为简才能脱颖而出。一个引发联想的关键词，一则引人入胜无法忘却的故事，一种强烈的感受和体验、清晰、直接、一致有效，能够让人们纷杂的意识瞬间聚焦在一个品牌之上。

因为消费者不爱费脑筋琢磨，他们都喜欢像傻瓜相机一样的产品，所以要推动产品简单化、营销简单化，只有这样的目标和追求才能更打动消费者。

某些企业追求大而全的产品，将所有自认为好的功能统统整合在一样产品上，以为这样的产品是无敌的、符合市场需求的，而在推行的过程中往往不尽如人意。相反，很多时候，往往只抓某个主要优势，打造出的简约的、小而精的产品，反而受众人群更多，也更加普及。

随着全球老龄化社会的发展，老人更不喜欢复杂的产品，所以，未来企业无论做产品还是做服务，追求化繁为简才是真正地站在客户的角度想问题。

好的用户体验=功能×情感

近几年,各行各业的人都在讲"用户体验",无论是互联网行业,还是传统的实体行业,用户体验都是很活跃的热点。那么,真正的用户体验是什么?是产品交互的流畅自然,精美的界面设计,便捷的操作体验还是贴心的小功能?这些都要包括,只有这样,我们才能说把用户体验放在第一位。

概括来说,好的用户体验既要在产品功能上好用,又要在情感上有效,二者都具备才能带给用户真正好的感受。

用户体验的好是因为他们感受到了重视。在体验产品的过程中也许连用户自己都没有想到,却被用心考虑,带来超出想象之外的惊喜。可能仅仅是一句文案、一个动画、一个彩蛋都可以打动他们。这样的意外之喜,往往会让客户产生一种感觉,你在做有温度的产品和服务。

好的用户体验能满足用户情感化的需求,我们在选择产品时往往会受内心感性一面的驱动。用户需要找到一个使用产品的理由,经历真实的主观感受。不仅在于某个功能细节,而是一个完整的体验流程。在产品体验的各个环节都让我们感觉舒适自然,发自内心地赞同:"哎哟,不错哦!"

人人都知道海底捞是一个口碑非常好的公司,消费者忠诚度高。为什么呢？因为海底捞的服务做得好。

印象最深的就是去海底捞的洗手间，洗手间有人递毛巾其实没有什么，是个常规性的服务。但是海底捞没有安排小姑娘或小伙子在那儿递，他安排的是一些年纪大的老爷爷老奶奶，一脸慈祥地把热毛巾递给你的时候，这种温暖的感觉是不可取代的。这就是在创造消费者的惊喜，有句话是这样说的：地球人已经无法阻止海底捞做服务了。他创造的惊喜还不止于此！所以常规的服务已经无法去打动消费者了，要创造惊喜的服务才能去打动消费者。

乔布斯说，消费者没有义务去了解自己的需求。他们只知道自己想要的是更舒适、更安全、更健康、更美、更快乐、更成功、更富有、更有品位、更有魅力……这就够了。消费者没义务了解自我需求，而商家则有义务理解消费者需求，并提供将需求具象化、清晰化、显性化的解决方案。

在日常生活中，体验无处不在，也是多方面的。比如，我们有用餐的体验、使用产品的体验、对于游戏App的体验、购物的体验、旅游的体验等。在这些"体验"中，我们都会对企业提供的产品或服务抱有不同的感觉、情绪和态度的主观感受，而这种主观感受的好坏会影响着我们是否还想继续做这件事或使用这种物品。其实这种主观感受就是用户体验。

产品的功能不用细说，比如这个产品是不是好用，是不是性价比高，是不是经久耐用等，这些都会使得用户体验变化。我们重点说说情感，客户体验很大程度来自情绪变化带来的情感体验。

比如，当一个人在淘宝上的某家店铺长期购物，每次买到的产品又便宜又好，那么每次你收到货物产生的情绪就是欢快和喜悦的，这是一种正面的情绪反馈，而长期下来这家店铺给你建立的情感体验就是信任感和依赖感，而之后某次却在这家店买到了一个破损的物品，客服的沟通又很不友好，此时你肯定会很生气，但是由于之前和这家店铺建立过信任的情感关系，所以不会对店铺进行多过分的投诉或责骂。反之，如果换作一家新店，没有建立这种长期的情感体验，可能就直接差评加投诉了。

尽量防止消费者产生坏的体验，比如跟中介租房子被坑，拿到货以后发现质量与描述不符，找客服理论，发现对方的态度非常恶劣等这些体验会让消费者对某个品牌或商品产生极其糟糕的体验，一下子就会将其拉入黑名单。

所以，好的用户体验是一个长期累积的过程，不是短时间的效应，也不要期待一次就能成功。必须在多方面得到提升，让消费者产生信任和依赖。随着移动互联网迅猛发展的时代，"客户体验至上"是企业在中国市场获得竞争优势的重要法宝。然而不可否认的是，给客户完美的体验绝非易事。如何在"互联网+"的时代，高效地倾听客户的声音，了解渐高的客户期望，明确何为优质的服务体验，从而为客户提供与客户期望相符的服务和体验是我们的必修课。

对于移动互联网产品来说产品要取得成功，更需要取得产品价值和用户体验的双成功。产品价值大于用户体验，一个没有价值的产品就像无根之萍。用户体验决定产品成败，在多个有价值的同类产品中，综合体验好的会更接近成功，也才能真正做到"客户说好才是真好"。

超出用户心理预期是王道

如何在一个用户身上挖掘到更多的价值呢？没有别的方法，只有让用户在用你的产品或服务的时候感到惊喜。如此，用户就会爱上你的产品或服务，同时还会把这个产品或服务推荐和分享给身边的亲朋好友。

我们普通人都有过这样的体会，在网上购买了一件商品后，等收到货后发现商家额外赠送了小礼品，这样心里会有小惊喜。你去水果店买水果，结账的时候，老板突然对你说，"这是我们店里刚进的水果，送一个给你尝尝"，那你就会很高兴。这种方式就叫超出预期的体验。超出预期的用户体验，即是消费者原本以为只是如此，但是没有想到却远远比想象中更好。这种体验会给消费者很大的冲击，品牌会一下子进入消费者的内心。如果是好的预期，会给品牌带来新的生命。

可是有人会说了，把产品和服务做好不就行了？但这样并不够，把产品和服务做好是基本要求，却并没有给客户以惊喜。比如举个最简单的例子，你去任何一家火锅店吃饭，服务不错，菜品不错，价格也公道，这些并没有给客户以惊喜，客户认为这是每个开饭店都应该做到的。假如你遇到一个火锅店，虽然菜品和服务与其他店没有什么不同，但在你等位的时候有免费的美甲、免费的小吃，在你吃完要打包剩下的西瓜时却给你抱了一整个西瓜来的时候，你一定会惊喜。这样的体验大大出乎你的意料，感觉被宠爱了一样。这样的店你一定会推荐给朋友，也想让他们感受一下这样的惊喜。

所以，超出用户心理预期是王道，是让用户产生复购以及分享念头的不二利器。

有一个有趣的实验是这样的：每天固定给猴群中的每只猴子3根香蕉，当偶尔每天给每只猴子5根香蕉时，猴子们都会变得兴高采烈。有一次，实验人员给了每只猴子10根香蕉，随后再从猴子手中收回2根香蕉。虽然猴子们实际获得的香蕉数量超过以往任何一次，但是它们却对于实验人员拿走它们手里的2根香蕉非常愤怒，激动的情绪几个小时都不能平复。

超出用户预期就是这个实验中的逻辑，给用户造成惊喜，他们会非常开心，如果让客户的预期打了折扣一定非常危险。

企业做服务或是卖产品，不要以为自己的产品哪儿都好，即使客户认为不好，还把责任推给客户，认为客户有眼不识金镶玉。很多商家首先麻醉自己，麻醉团队，让自己认为自己的产品就是全宇宙最好的，发自内心相信了之后，然后再去麻醉客户。这种"麻醉战术"，在今天的效果已经大不如前了。因为，一旦陷入自己产品就是好的自我催眠中，是不太可能带给客户超预期的惊喜的。只有时刻检视自己的服务或产品是不是在同类中不够好，是不是还有更好、最好的余地和空间，当客户在同类产品中用到你的产品的时候，才会惊喜。

那么究竟如何提供超预期的产品或者服务呢？

1. 承诺不要夸大

消费者购买某个商品前，多数会货比三家，看哪家给出的承诺更好，所以要谨慎承诺。有的企业会走向误区，夸大宣传或不实地去忽悠，可想而知，等客户拿到产品的时候并没有出现承诺的那样，他们不但不会惊喜，而且会愤怒。纵观当今的市场，越是成功的大品牌，其宣传与承诺越谨慎，而信口开河的品牌多无法长久生存。因此，要从提供问题解决方案的角度来思考品牌的宣传与承诺，从顾客的角度反推回产品，这样从提供产品的利益到寻找目标消费者再到宣传途径都会精准，可以有效避免因沟通不良或与消费者对接错位造成的顾客失望。

2. 打差异牌

企业不夸大承诺可能会在短期内流失客户，那么可以走另一条路径，找到与同类产品中的差异产品，这也是一些顶级品牌的制胜关键。给消费者提供差异化的承诺，这样可以避免和其他对手的正面竞争，以己之长克敌之短，可以有效弥补资源不足的劣势，还能获得差异化的竞争优势。比如，同样做空调，不强调制冷效果，而强调省电，强调静音，强调环保，这就是差异化。

3. 制造惊喜

惊喜的创造方式有很多，比如给予客户产品之外的赠品，或者在原有的价格上便宜一点。这些惊喜付出的代价不大，因为在原有的基础上让利一点点，会让顾客收获期望之外的惊喜。从营销实践中发现，单纯让出一些价格为顾客创造出的惊喜远不及为商品增加综合价值为顾客创造的惊喜来得有效。比如告诉顾客这个商品还有其他功效或功能，或是额外再赠送个小礼物，比减免商品价格零头或打折要好。因为顾客已经通过商家在商品的质量承诺与商品价格之间找到了认可后的平衡。此时增加商品的价值会让顾客有赚到了的满足，而降低价格则可能会降低商品在顾客心中的价值，反倒打破了原有的心理平衡。

总之，想要让顾客对产品和服务产生好感，无论是从产品本身还是在情感上，只要让顾客超出心理预期，产品的口碑就会不胫而走，这是一条真理。

第六章
顺应：大环境倒逼游戏规则改变

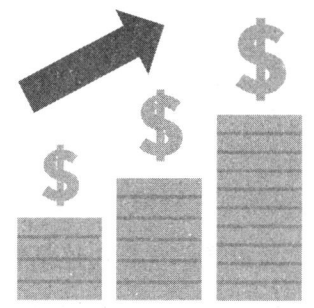

社群：找到群体行为的触发点

从前几年的互联网思维发展到现在，人们更倾向于社群思维。无论是雷军的小米社群，还是罗振宇的罗辑思维，这些案例展现的是一个新的商业时代，这个时代，是一个不同于工业化时代的社群经济的时代。

社群基于互联网又不同于互联网。互联网非常宽泛，而社群则是由一群相同爱好、相同价值观的人组成的圈子，而未来这样的圈子才是商业经济的常态。如果一个人或一个企业能够去经营这些社群，那么将可能在一个竞争激烈的新的商业世界找到品牌存在的机会。

没有人能逃开趋势，时代在前进、在发展，旧的东西不断被淘汰，新生事物不断涌现，网络使资源共享性、去成本化、资源零成本成为现实。从资源是有偿的到资源是无偿的，这一趋势的出现最终形成互联网思维下的社群趋势。

社群是"互联网+"的更新和升级模式，也是"互联网+"的具体体现和载体。可以肯定的是，无论是传统企业还是新兴企业，都应该能够及时接受并拥抱这些理念。有了好的产品和服务理念是第一步，产品如何进行扩散和裂变，离不开社群。

移动互联网让更多移动终端成为传播入口，形成了一种去中心化的传播，让企业可以与用户零距离接触，将资源分布的特点发挥得淋漓尽致。社群思维实际上就是圈子思维，多人的思维模式可以调动集体的智慧，找到群体行为的触发点，形成一股强大的力量。

为什么能找到群体行为的触发点呢？因为这是社群的基因决定的。什么是社群？也许有人认为大家建立了一个群，通过QQ或微信或其他方式交流，事实上如果大家彼此没有兴趣点、热爱的东西作为交集，是不能称为社群的。就像家长群、老乡群、同事群，这些只能算作"群"，而不能是"社群"。社群的根本意义在于人与人的社交关系，存在于人的心理，而不是载体。一个社群的关键点是社群的"同好"，是所有社群成员的共同愿景。因为我们的最终的目标是通过某种愿景把大家连接在一起，而不是利用微信把大家聚集在一个群。其实就是一句话：搞社群，我们的目标并不是"拉一群人"，而是"为了某个愿景，然后拉一群人一起干"。社群的本质就是，聚一群人，干一件事。

互联网时代形成的圈子和社群，印证了"物以类聚，人以群分"的价值。无论对于谁来说，只有当你的客户变成用户，用户变成粉丝，粉丝变成朋友的时候，才算得上是社群。

社群模式颠覆了商家的思维模式，只依靠一个爆品来获得利润的模式也逐渐成为过去式。社群营销的目的是将产品融入更多人的圈子关系中，让一层一层的关系都成为企业的利润来源。

真正凝聚在一起的社群，是大家都有着共同的"痛点"和需求，然后聚在一起寻找解决之路。比如健康变瘦社群、读者俱乐部社群、某某网络大学社群，这样的社群都有着相同的诉求。健康变瘦社群里的成员都希望科学健康减肥，读者俱乐部社群都是希望阅读好书，举办读书沙龙活动，网络大学社群可能针对某一领域的人提升自我能力的需求等。这样的群就是有着共同愿景的社群。

以良品铺子为例，我们看它是怎样经营社群的。前期良品铺子就通过各种活动，建立了以地域划分的良品铺子粉丝俱乐部，以粉丝地域群为单位组织开展社群活动，并通过线下沙龙、城市PK赛等，让粉丝俱乐部持续活跃起来。而在门店，良品铺子将员工角色改变，将现有会员进行线下社群分组，由社群附近特定店员负责维护，保证了再小的地域社群都有专人运营维护。良品铺子建立的不是一个大而泛的社群，而是具有地域特色的社群矩阵。在新媒体负责人段文的带领下，内容原创、借力IP、打造自带IP的社交产品、蹭热点、娱乐营销、互动活动……良品铺子微信公众号和粉丝一起玩得很嗨。

所以，真正的社群不是指你的手机里的群，因为不是所有的群都能形成黏性，都能带来生意。比如，自己家人的群，公司的同事的群，以及别的公司卖产品和服务把你拉进去的群，这种算不算社群？在我看来，都不能算严格意义上的群，或者应该叫没有互动的死群。因为，这种群你进是进去了，但不知道怎么跟群里的人互动变成资源，久而久之，群里就没人讲话变成死群了。

所以，你要做的并不是"建立一个群体"，而是"感召一帮人，发起一个运动"。我们之所以凝聚在一起，不是为了"发发链接""宣传广告"，也不是单纯为了沟通或交流，而是为了一起"改变些什么""提高些什么""获得些什么"……本着这样的原则去聚拢一群人，才能称为真正的社群。

共享：从吃独食到联合共赢

成功在于合作，合作共赢天下。共赢共享，是当代经济活动的文明体现，也是大势所趋，单打独斗的时代已经过去了，取而代之的必须是联合共赢，多方合作。未来的企业都应该追求服务更多的企业、商家朋友，助力传统企业、零售业转型升级，以用户为中心，以帮商家朋友赚钱、帮消费者省钱为导向，发展合作互利的多边关系，实现共赢局面。

当下这个时代，靠企业自己单打独斗，力量是十分有限的，企业必须通过多种营销手段，整合各方面的资源，才能实现利润最大化。现在是商品过剩的时代，你没有的东西别人那里都会有，甚至别人的东西正好是你求之不得的，所以需要与别人合作共享，最后实现双方共赢。

选择合作的对象，抓住合作的机遇，通过诚信共赢的商业联盟达到珠联璧合，实现互利共赢，将会成为一种创新的商业模式。商家联盟，既实现了利盈共享，还能实现顺销。不仅有利于提高商家核心竞争力，更有利于商家的持续发展，做大做强！利用联盟式营销，利用网络优势，突破传统商业模式，形成商业联盟，在金融危机面前度危寻机，并在未来的商业发展中找寻更多的商机。

例如，谁能想到一个卖饮料的公司可以与一个航空公司联手？可口可乐公司与希捷航空公司联手打造了一个共享共赢模式。该营销模式推出定制可口可乐当登机牌使用。他们在机场内设置售卖机，让乘客分享给好友定制的可乐瓶罐。同时，乘客自己也会收到一份可乐瓶罐，然后这款可乐竟然可以用来当登机牌使用。这样的两家共享模式，找到了两品牌当中的某个契合点。

例如，将合作商家的产品做成自己客户的赠品，比如从健身房拿到价值198元的月卡会员、从火锅店拿到50元代金券、从洗车店拿到10元洗车券等。自己也给合作商家提供对应的赠品，比如几百元的家具代金券、10元家居用品等。用有高性价比的引流产品，达到共享共赢的效果。

除了知名品牌之间的这种合作之外，一些小的品牌与品牌间的合作也能打破被大品牌垄断局面。第一品牌和第二品牌主载着整个行业，不可一世，大量的小商家、小企业、小品牌的生存受到巨大威胁。为打破这种局面，小商家、小企业必须联合起来，积众弱为强，共同对抗大品牌、大商家的冲击。根据不同行业、不同产品、不同偏好的消费者之间所拥有的共性和联系，把一些原本毫不相干的元素进行融合、互相渗透，进而彰显出一种新锐的生活态度与审美方式，并赢得目标消费者的好感，使各自的产品都能够得到最大化的营销。

时下关于不同行业、不同企业捆绑搭销都属于共赢模式，在国内越来越被广泛重视和运用。首先，捆绑式营销是共生营销的一种形式，它是两个或者多个品牌处于平等的地位，属于互相推广，把整个市场做大，达到双赢局面。其次，采取捆绑式销售的企业间往往具有互补性，可以带给消费者最大的利益回报。最后，提高企业的抗风险能力。通过捆绑式销售模式，企业之间可以分工协作，优势互补，形成大的虚拟组织模式，提高企业抗冲击的稳定性。

未来一切资源都将变得开放和共享，行业—职业—专业之间的界限越来越模糊，所有边界都被打开，互联互通是大势所趋。未来企业自身的边界将被彻底打开，企业不再是封闭的组织，而是包容性和扩展性很强的平台，开始互相越界、穿插和共享。

跨界:"1+1>2"的无边界竞争

随着时间的推移,营销的模式不断创新,很多企业发现行业与行业之间似乎边界正在渐渐消失。所以,营销界刮起了一阵"跨界风"。跨界合作对于品牌的最大益处,是让原本毫不相干的元素,相互渗透、相互融合,从而给品牌一种立体感和新鲜感。对于可以建立"跨界"关系的不同品牌而言,既是一种互补又是一种创新,同时二者之间多数不具备竞争性。

比如,"喝蒙牛赢取滴滴打车红包",蒙牛与滴滴打车,一个是极具市场号召力的乳业品牌,一个是用户数超过1亿人、日订单量超过500万单的移动出行信息平台,二者强强联手形成了"1+1>2"的跨界整合效应,不得不说掀起了跨界合作的热潮。

比如,彩妆品牌MAC联合王者荣耀推出跨界联名唇膏,实现了"破次元壁"的双赢效果,开售仅一个小时就卖断货,这个成绩可以说相当出彩。

比如,王老吉联合热门网剧《万万没想到》作为夏季档"越热越爱"传播引爆点,深度捆绑年轻文化标签并展开一系列互动立体式营销合作,创造了全新的品牌营销体验,更成功将粉丝经济和热门IP嫁接为自己的品牌资产,成功笼络不同圈层的粉丝转化为品牌消费群,实现与王老吉"超吉+"战略的无缝对接。

这些例子说明什么呢？说明跨界不是为了赚噱头，也不是增加看点，而是抓住流量，实现短期内的销售转化以及长期内的品牌形象建立。

以前人们都说"隔行如隔山"，好像不相关的行业真的差很多，现如今不同行业之间的跨界合作已经常态，演戏的都去唱歌了，唱歌的都去说相声了，说相声的跑去做主持了……各种"跨界"已经屡见不鲜，营销更是要在这方面创新和发展，只有打破边界，积极跨界，才能找到更多的出路。

比如五菱汽车，摇身一变，把空余厂房改成生产车间，成为全球第一家做口罩的汽车企业，仅用76小时就完成了10天的工作量，造出了第一台五菱牌口罩机，从提出造口罩到成功生产20万只医用口罩，仅仅用时3天！后来比亚迪、广汽、长安等车企，都宣布生产口罩。此外，富士康也首次导入口罩生产线。除口罩外，水星家纺、红豆等服装企业纷纷转产防护服。

跨界代表的是未来企业的适应能力，是在连接消费者的能力，是在快速响应市场需求和消费者需求的能力。

新的消费在不断升级，人们对生活的品质化和多元需求也越来越注重，品牌也根据"跨界"来营造出更多的有创意的客户体验，同时还能因为创新的玩法使得消费者对品牌的注意力增加。那么，品牌在跨界的时候还需要注意什么呢？

1. 跨界不是盲目地跨，要找准合作双方的契合点

双方的诉求不同，找准契合点才能兼顾双方实现双赢。比如网易云音乐和农夫山泉之间有一场跨界，双方用一句话很好地诠释了两者之间的契合性，"创造宇宙生命的，不仅是水，还有故事"。有水的星球不孤独，有故事的星球才完整。

2.跨界的时机很关键，不能盲目跟风

时机不成熟的时候，不但浪费成本还无法成功。品牌在跨界之前要先明白自己需要的是什么，在找准诉求之后选择适合自己的跨界创意才能达到事半功倍的效果。比如旺旺，本来只是卖牛奶糖果和雪饼的食品品牌，却想出了一个年轻态的跨界合作，推出了小馒头沙发、旺仔软软捏，把抱枕与家居品牌玩得起飞了。跨界营销要的是把不同界别的营销元素融为一体，追求营销效益的最大化。品牌只有通过长期的洞察和创意积累，解决营销诉求，才能获得更多有价值的消费者，获得长远性的利益传播。

3.跨界的目的是引起话题，迎合趋势

跨界做得好不但博人眼球，还能引话题，尤其要体察年轻消费者的需求，年轻人是引领潮流和时尚的主力，如果跨界在这些人身上下功夫，往往成功的机会更大。比如，做音乐的网易云音乐联合国货品牌三枪，打造了系列"音乐内裤"，沙雕的广告搭配宛如跨界的清流。另外，想要引起话题，可以找本身具有一定粉丝基础的明星，或者某个领域有影响力的人，比如网红。随着粉丝经济盛行，自带流量的名人已然成为品牌跨界合作的热门对象。当两者合作推出联名款时，双方都要参与到品牌成品的设计中，而不是简单地署个名，借个人气。一旦用上"某明星或者顶级设计师亲手操刀制作"的噱头，强大的粉丝效应就会起作用。

跨界营销必须达成"1+1>2"的局面，而不是入不敷出的效果。要实现"1+1>2"的局面，营销就不止于融合，需要品牌做加法玩出创新模式。

消费的本质是遗忘，我觉得这句话说得就很对，因为市场上的产品和品牌那么多，想要在其中脱颖而出，那必然是要有点特别才会让消费者们记住，跨界营销就可以说是最好的一种方式了。

故事：很多卖点皆源于"煽动"

有句话说，会讲道理的人，永远干不过会讲故事的人，品牌就是讲故事。会讲故事的品牌了不起，因为它们掌握着这个时代的核心竞争力。比如，德芙巧克力、百岁山矿泉水、肯德基，无不是靠一个故事打造强大的品牌价值。

伟大的品牌都离不开好故事，故事便于口口相传，"海尔砸冰箱"的故事，建立起用户对海尔品质的信任感和良心商家的好感，并且以它为原型拍成电影《首席执行官》，一直传颂到今天。

做营销、做服务、做产品，真正的竞争力来自会讲故事。一个人有故事，很多领导者都曾使用个人故事，让别人记住了他。一家店也可以有无数故事，通过故事带动增加了利润，一款产品同样有无数的故事，通过故事打动了消费者。

比如，一个学校在做招生文案时，写了无数宣传都没有起到什么好的效果。有一天，文案策划把原本的宣传语改写成了一个故事，结果效果大增。

在一所高中学校里，一名交择校费来的"学渣"男孩儿喜欢上了一个女孩儿，女孩儿成绩优异，两人差距比较大。为了引起女生的注意，男孩故意扮怪、染发、叫嚷、打架。一次放学，男孩终于鼓起勇气表白，却吓退了女生。女生说，她的梦想是清华，她愿在那儿等他。"学渣"男生后来失踪了，传言他转学去了另外一个城市。三年后，女孩站在清华大学门口，真的等到了那个男孩。女生问他转学去了哪儿，能考这么好，他说："某某中学。"

在这个宣传文案中，整个广告就是通过一个完全生活化的故事，表达出一个青年的励志过程，赋予教育产品浓郁的情感色彩，让学生和家长在情感的共鸣中对教育机构产生好感，并将其深刻地印在记忆中，这就是讲故事的力量。

好故事不仅能创造信任，更能激发用户强烈的情感，赋予品牌人格魅力。很多优秀的品牌，用创始人的故事煽动情绪，把商业和人文相结合，创造更高的产品溢价，因为情感型消费价值一般都大于功能型消费。

比如，一提到褚橙，消费者就会想到褚时健在经历了人生大起大落、高龄出狱后，上山种橙子的励志故事。仅仅将这个故事展现出来，就能让人产生足够多的联想。褚橙的合作电商平台凭借这一点，第二年的销售额就突破了几千万元的大关，虽然其成功的因素很多，但最关键的因素一定是褚橙这个励志故事。

在这个时代，仅仅有好产品是不够的，还得会传播，能用最通俗易懂的方式将企业的故事传递给用户，这是品牌传播的最终目标。所以，一个好的品牌负责人，一定程度上也是一个小说家。只会做事的人永远比不上既会做事又会讲故事的人。

品牌想要用故事打动消费者，不是直接"讲"出来，而是经过品牌管理精心编辑和设计，对曾经发生过或编写的故事重新进行寻找切入角度、安排更合理的情节、渲染气氛等加工后，将它们传播给广大受众，从而给受众带来鼓舞或者是激起受众的兴趣，使得包括其目标消费群体在内的受众加深对品牌的印象，对企业倍加关注和重视，达到良好的品牌传播效果。故事具体要怎么讲呢？

1. 寻找目标受众

既然是品牌故事，那么就不要像写小说一样，为了讲故事而讲故事，而是要找到属于你品牌的目标用户，发现用户痛点，用先导出结果再往前推的方式讲故事，比如多芬，无论它讲述哪些故事，都将目标直接指向"新时代有独立需求的女性"。

2. 设定故事背景

在得到了目标受众之后，故事就要为他们量身设计，要通过讲述核心的价值观，确定主角或背景来搭建故事框架。比如，宜家家居的品牌故事主推"营造温馨的家"来进行。

3. 事件中不能没有激励

无论是德芙的凄美爱情故事还是褚橙的励志故事，通过里面的所饱含的情感才能激励消费者。无论是正面激励还是负面激励，都会引发消费者的情感体验，从而产生对品牌的认可。

4. 维持故事的高潮效应

当营销者通过故事赢得了一部分顾客的时候，更要不断强化这个品牌故事，如果能在与消费者面对面的时候，可以简单口述这个故事，让消费者最终做出购买决策。可口可乐就是一个例子，它反复把自己的故事跟美国国运的重大抉择捆绑在一起，彰显其品牌主张。当品牌通过故事建立了正向循环以后，要根据市场不断修正品牌故事的方向。把一个故事真正置入消费者的内心才能成为传播品牌的利器。

故事是一种相对容易让人产生好感并记住的形态。对品牌而言，故事的本质是一种高明的沟通策略，它融合了创造力、情商、消费者心理学、语言表达能力乃至神经系统科学等多领域知识，一个好故事可以帮助品牌更高效地传递信息，取得更好的说服效果。所以，真正的品牌营销就是学会讲一个与品牌相关的故事。

参与感：用户无法抵御的吸引力

在生活中我们会发现有一个现象，孩子看电视不太活跃，电视里的人在演，电视外的人被动在看，全程零参与。而玩手机和 iPad 则不然，小孩子可以与手机与 iPad 互动，使得小孩感受到更多的参与感，趣味性也就更强一些。同样的道理，在用户成为主权的时代做品牌营销，卖东西不能单纯吆喝，而是要让用户参与进来，当他们真正和品牌形成互动，才能产生口碑传播。

互联网时代，品牌脱颖而出的核心是口碑，口碑的本质是用户思维——让用户拥有参与感。企业要深刻认识到，体验极佳的参与感会让用户自觉形成口碑式的传播，从而带动产品的裂变式扩散销售。构建用户参与感，让用户为品牌代言，把做产品、做服务、做品牌、做销售的过程开放，让用户参与进来，建立一个可触碰、可拥有和用户共同成长的品牌。也就是说，以客户为中心不是简单听取客户需求、解决客户问题，而是让客户参与到商业链的环节中，从需求采集、产品构思到产品设计、研发、测试、生产、营销和服务等，汇集用户智慧，企业才能和用户共同赢得未来。在这方面，小米就是最好的例子，小米成功的三个原因就是用户参与营销活动、参与产品创新、参与公司的内部管理。

小米开发产品时，数十万名消费者热情地出谋划策；当小米新品上线时，几分钟内便有数百万名消费者涌入网站参与抢购，数亿元销售额瞬间完成；当小米要推广产品时，上千万名消费者兴奋地奔走相告；当小米产品售出后，几千万名消费者又积极地参与到产品的口碑传播和每周更新完善之中……这是一种只有在互联网时代才会出现的商业奇观。

我们在网上买一个普通的商品和自己亲手制作一个物品，我们往往对于后者拥有更多好感，情感注入也更深。往往自己动手制作的东西更喜欢晒图或发朋友圈去"显摆"。一个简单的制作过程参与，便可获得如此多的情感收获，为产品增加了附加值。

比如，很多品牌在设计营销的过程中，喜欢设计一些DIY创意大赛，征集广大用户意见并盖章发文认同，让客户参与其中，如此就能加强品牌和产品的连接互动。还有一部分品牌企业会产生一些"半成品"，最后环节交给消费者让他们动手完成，以此增加用户的参与度，这样不但能使得用户增加情感注入，同时还能对品牌产生好感和拥有感。

宜家家具非常在意用户参与感。在宜家买的家具，都是需要自己动手组装的。宜家明明可以把家具成品直接送上门，简化消费者的体验环节，为什么还要反其道而行之，让自家产品使用起来更加费力呢？事实上，宜家的"反套路"操作，不仅一直有消费者买单，还为自己成功圈钱。这个效应指消费者对于自己投入劳动、情感而创造的物品的价值产生高估的价值判断偏差现象。消费者对于一个物品付出的劳动（情感）越多，就越容易高估该物品的价值。

之所以用户喜欢参与感，潜在的含义就是一种被尊重的需要，找到了被尊重的感觉。一句话，他们需要什么我们就应该提供什么，要把这种参与感传递到位。

现在的品牌营销趋势大部分都是卖用户的参与感，比如产品的定制化,也就是按需定制,这是一条离消费者最近的通道。比如海尔的定制冰箱,服装品牌七格格的定制服装,都培养了大量的忠诚粉丝。如果让粉丝决定最终的潮流趋势,粉丝自然也会为这些产品买单。

有一个蛋糕品牌,把做好的蛋糕放在店里的销量一般,后来蛋糕店设计了一个营销手段,把这款蛋糕和商超合作,免费开办亲子做蛋糕活动,然后把自己做的蛋糕买走。价格没变,材料没变,结果这款蛋糕大卖。凡是遇到这个活动的孩子都会和家长一起动手把蛋糕做出来,然后心满意足地买走,而且还会和蛋糕店合影留念。蛋糕店不仅提升了销量,还扩大了宣传,其核心就在于让消费者体验到了参与感。

很多企业做品牌营销,最初的生意十分火爆,但是没过多久,就发现很多客户对自己不再关注了,最根本的原因就是自己没办法吸引客户的注意力了。其实想让客户持续关注自己的方式很简单,那就是让他们参与,并与之产生互动。只有让他们先找到存在感,他们才会感受你的存在。

因此平日里,我们也需要组织一些让客户共同参与的活动,比如一起做考察、一起学习上课,或者一起办企业周年庆活动、一起做爱心公益活动。做得多了,客户就会不请自来。

第七章

升维：激活共生体空间驱动力

互利共生：化竞争对手为合作伙伴

常言道，"商场如战场，你不强大就会被灭掉"。这句话的潜台词就是商业讲究的是竞争。在任何一个行业中，竞争是常态，但合作也是常态。我们见过"老死不相往来"的品牌，也见过那些争着争着就成为合作伙伴的品牌。竞争是必要的，但顺应发展变化潮流，获取最大利益，才是最明智的选择。企业要想获得长远的发展，要把竞争对手变成合作伙伴，才可能更有发展。

有一个经典的故事：

一个地方发现了金矿，所以很多人都去淘金。有一个犹太人去了，他发现大量的车辆需要汽油，所以他就在当地开了一个加油站。另外一个犹太人也去了，开了一个面包房。又一个犹太人去了，在面包房旁边开了一个咖啡馆。就这样，小旅馆、小酒吧、裁缝铺……各种行当都开起来了，最后形成了一个小镇，当地就繁荣了。而另外一个地方发现金矿，中国人去了，在这个地方开了一个加油站，很赚钱。另一个中国人去了，发现开加油站很赚钱，于是在旁边又开了个加油站，两家勉强可以生存。又去了一个中国人开了第三家加油站，于是大家开始不怎么赚钱。然后开到第四家、第五家的时候，所有的加油站都开始亏钱，于是大家就开始竞相降价。他们相信，当我坚持的时候，竞争对手就会消失。

故事中两种不同的思维，前一种是合作共赢、共利共生的思维，后一种是竞争和树敌的模式，显而易见，前一种模式更有利于双方发展。

现在企业都在讲赋能，大部分都是针对企业内部系统，事实上，更应该将这种赋能用在竞争对手上。比如，为竞争对手赋能，把竞争对手变为合作伙伴。因为，竞争不一定是你死我活的关系，从敌对的关系转换成一种双方共赢的状态将是未来的趋势。

企业存在竞争是必然，但随着时代发展，企业之间开始合作也会成为必然。未来的商业模式既要有竞争又要有合作。企业与企业之间只有抱团才可以降低成本，形成规模效应，有利于提高产品和服务质量，同时也使不同领域产生更多的跨界。站在消费者的角度来看，共赢意味着成本降低，比如美团、拼多多等公司的商业逻辑就是这样才做大做强的。

市场上风云瞬变，竞争感、危机感无时无刻不在敲打着每位企业家的神经。所谓商场如战场，孤军奋战难免感觉草木皆兵，单打独斗总容易遭遇腹背受敌的窘境。多一个朋友总比多一个敌人好，彼此联盟才能让力量发挥到最大效果。

选择合作的对象，抓住合作的机遇，通过诚信共赢的商业联盟达到珠联璧合，实现互利共赢，将会成为创新的商业模式的一种。

未来创新的商业模式不仅将有利于提高商家核心竞争力，更有利于商家的持续发展，做大做强。利用联盟式营销，利用网络优势，突破传统商业模式，形成商业联盟，在金融危机面前度危寻机，并在未来的商业发展中找寻更多的商机。

在合伙共赢的商业模式上，7-ELEVEn 的"业务转换加盟"计划值得借鉴。7-ELEVEn 不是没有竞争对手，在 7-ELEVEn 想要开店的位置经常有一些夫妻店。那些黄金位置，对于 7-ELEVEn 来说是最有价值的资源。但 7-ELEVEn 并不能拿到这些有价值的资源，同时还要面临竞争的危机。于是 7-ELEVEn 开始改变思路，收编了很多社区夫妻店。

由于 7-ELEVEn 有强大供应体系、后台系统等连锁经营体系，能够对门店的商品开发、经营、商品陈列、物流和仓储等赋能，使这些夫妻店能够获得更高的盈利，同时也省却了采购、物流等一系列负担。在利益共享上，7-ELEVEn 将收益的大头分给了夫妻店：它将毛利的 55%—57% 分给分店，剩余收益为总部所得。而且商店开业 5 年后，根据经营的实际情况，还可按成绩增加 1%—3%，对分店实行奖励。而且即使毛利达不到预定计划，分店还可以获得一个最低限度的毛利额保障。

所以，即使夫妻店要向 7-ELEVEn 交纳一笔加盟费，它们也非常愿意合作。按照传统的观念，夫妻店是 7-ELEVEn "竞争对手"，采取的方式应该是打压、竞争、清场、并购等，但 7-ELEVEn 却把它们当成了"合作伙伴"，通过自己商品开发能力、金融能力、物流能力等，可以为分店带来更好的收益。另外，社区夫妻店本身比较平庸的经营水平，通过 7-ELEVEn 的能力注入和赋能，就爆发出了巨大的经营业绩跃迁，正体现了 7-ELEVEn 核心能力的高超：让平均水平的资源、能力，创造出非凡的业绩，实现了真正的合作共赢，共利共生。

未来的商业模式是"竞合"的状态，是指两家经营同类产品或技术而存在竞争关系的企业，在意识到双方合作可带来更大收益后，转竞争为合作，从而使双方利益均有所增加的一种合作形式，这是基于双赢思维的一种理念。很多企业已经推出了这种模式，如滴滴和快的的联手、银行金融业与阿里的合作等，均是在以这种同行合作的竞合模式实现互惠互利的双赢。

企业成长依靠生态优势

很多人都知道,企业拥有的优势就是竞争力。这种优势代表的是稀缺和不可替代,从而成为核心的竞争力。核心竞争力越强,竞争优势就越强。不过,核心竞争力也是有局限的。企业要建立优势矩阵,不能光注重竞争优势,还要注重生态优势。换句话说,一个公司若想凭借一种封闭式的竞争优势就在市场上赢得优势,几乎是不可能的。要学会发展自己的生态优势,去构建一个可持续发展的生态系统,将自己作为一个能力和利益的单元,去和别的企业做利益的加法,才能在日新月异的跨界领域中分一杯羹。

我们用一个故事来说明:

某个草原上狼群肆虐,导致当地牧民的马匹经常被狼群袭击,给当地造成了一定损失,于是这些牧民想,既然是狼导致了马的损失,那么消灭了狼群,问题就可以解决了。想通了这一点,牧民就开始大规模捕杀狼群,好不容易等狼被消灭得差不多了,这些牧民悲催地发现,很多马的腿经常被摔断。过了一段时间,人们才知道,原来是狼群的消失导致了兔子的大量繁殖,而这些兔子又将草地弄得坑坑洼洼,马在草原上跑的时候,一不小心就会被这些坑绊倒,摔断了腿。对于马而言,摔断腿基本就等于废了。牧民因此而遭受更大的损失。

这些牧民就是拥有了竞争优势，而忽略了生态思维。做企业就是这样的道理，看似自己拥有很强大的竞争优势，如果不顾及市场大环境，不构建可持续发展的生态价值链，也不会形成真正的竞争力。

企业的核心竞争力有单一性和缺乏弹性的局限。所谓单一性是指企业没办法在价值链的方方面面都形成可持续的竞争优势。缺乏弹性是指企业会把竞争力变成很刚性的东西，这个竞争力越强，改变起来越困难，比如柯达的胶卷业务称得上是老大，但在变为数码技术的时候，却举步维艰。

那什么是生态优势呢？就像前面我们讲的那个故事，马、兔子、狼互相制约，相互依赖，从而形成一个循环系统。企业不仅仅需要积累内部资源，也要管理外部关系，形成生态优势。生态优势强调共赢，要把饼做大。比如说，亚马逊 Kindle 的主营业务不是出版，但是优秀出版商的电子书下载量大，也会提高 Kindle 的影响力。具有生态优势的企业能够灵活地组合不同企业的核心竞争力，适应不断变化的环境，并形成协同和放大竞争优势。

随着信息和共享时代的到来，产业环境和消费者需求都发生了巨大的变化，所以企业的战略思维也要发生变化才行。企业在巩固自身价值源的同时，要充分布局和利用生态优势。不追求"为我所有"，而是"为我所用"，有效地与外部资源发生连接，去触碰那些此前无法感知的边界，构筑更加稳固的护城河。

比如，锤子公司最开始做手机的时候，参考了一些行业统计数据：40%的用户买手机的时候，最先看的是手机的外观。于是，它们觉得自己有绝对的竞争优势，因为锤子的工业设计团队是世界最优秀的团队之一。但最后锤子手机并没有像预想的那样，靠着外观的设计而发生理想的转化率。其中的原因就是太在乎竞争优势而忽略了生态优势。对于手机外观的漂亮来说,大家的审美已经有些疲劳,因为有一个外观设计难以超越的苹果手机在前面当老大,后来者很难居上。假如锤子手机没有过高地估计自己工业设计的优势,而是从其他方面打造竞争力,或许就能够像小米手机那样开辟出一片自己的新天地来。

未来无论是企业还是个人,都要成为超级连接者,拓展人脉和企业的合作渠道,不但会拥有广阔的视野,还能拥有更多市场。要用生态思维,去创造更多维度的合作,随着合作次数的不断增多,公司在整个系统中的价值也会更大。

注重顾客的终身价值

什么是顾客的终身价值呢？说得简单一点就是一个顾客在一定周期内能够为你贡献的价值或创造的利润。一个顾客的终身价值是指该顾客在跟你的生意有交往的这段时期内带给你公司的利润总和。

通过这个价值可以算出，对于一个企业，他可以从每一个顾客中得到的平均利润是多少。虽然这是一个市场营销的模型，但是同样可以将此模型运用于企业的竞争力方面的考量，用以评价一个企业是否具有成长潜力。

比如一个新顾客在第一次的购买中给你带来了50元利润，假如他一年中光顾了三次，平均每次购货的额度是200元，在这200元中，你的利润是100元，那么这个顾客在两年的时间内的终身价值就是：$50+100 \times 3 \times 2=650$元。

比如一家纸尿裤经销商，产品适用于0—3岁儿童，如果每个儿童每月消费3包纸尿裤，3年共消费近36包纸尿裤。这就是销售目标：让顾客在3年内都购买你的纸尿裤。计算出了顾客的终身价值，那么和顾客在第一次的交易中就可以把价格降得很低，或者第一次交易不要利润。

企业必须突破以销售为唯一目的的思考模式，考虑顾客的终身价值，也就是要计算可从这名顾客身上获得多少利润。

因为只有计算出了顾客的终身价值，才能在第一次的交易中让利给他们。实际上这样不是要减少顾客第一次购物的金额，而是使顾客第一次购买愉快，从而增加回头率。

很多时候企业把精力用在开拓新用户上，比较重视获取新的流量，其实，更大的价值在老客户上。一个企业品牌能在一个客户上获得终身价值，才是一笔非常可观的财富。如果一个客户对品牌十分忠实，那么他一辈子会带给该品牌无数收益，一个企业如果维护好这些超级老用户，就可以很好地生存下去。比如，一个人一生中能用到几百千克的纸，如果一个客户认定这个品牌，他加上他的家庭所需要的纸，是超出想象的。

所以，企业要努力去估量一个顾客的价值，这一点绝对重要。这样就可以知道，第一次你要花多少钱让他成为你的顾客，并且你未来可以在他身上赚取多少利润。

比如，对于两个有着相同现金流的公司，如果一个对于留住顾客所需要的成本小，那么他的顾客终身价值就相对更大，其盈利能力和竞争能力也就相对高于另一家公司。顾客的终身价值告诉我们，企业和顾客保持关系的时间越长，顾客给企业贡献的利润就越多。

有相关调查显示，对工业品而言，第一年从顾客身上得到300元的利润，第二年可以得到700元，第三年得到1000元，第四年得到2000元，第五年得到3000元。

所以，销售工作做得好坏，不只看卖了多少产品，实现了多少销量，还要看顾客保持率，即与顾客保持业务关系时间的长短。

我们可以纵观当前的商业环境，那些做得好的企业项目，它们前期基本都是在做赔钱的买卖，其目的只有一个，就是赚取更多的客户。企业在前期哪怕赔钱也要赚取客户。而大多数创业的人，他们的创业思维就是铁公鸡思维，只想着进钱，赶快进钱，恨不得刚开张一个月或者半年就能收回成本，所以他们的格局也就局限了他们最终的发展。

企业要成长，品牌要发展，都离不开客户，而考量公司能力的标准就是对客户的锁定能力，你锁定了一个客户，后面他也许还会带来更多的客户，创造更多的利润。所以，注意顾客的终身价值不仅仅是一个销售模式，更是一个非常重要的商业模式。

创建老客户转介绍模式

前面我们提到了客户终身价值的重要性,其实终身价值的另一个资源就是通过认可这个口碑,不断带来新的客户。分享是每个人的基本需求,当他发现一个好用的产品的时候,一定会分享给身边的人,所以就有了"口碑效应"。

据调查,80%的人之所以购买一件东西,基本是因为听了别人的介绍。做品牌卖产品,一定要牢记:朋友介绍胜过任何广告。

比如,一群妈妈一起带孩子在小区散步,聊起了奶粉品牌,一般大牌子都在广告上见过,如果这个时候有妈妈说:"我家宝宝喝的这款奶粉,脂肪和糖含量都不高,而且有特别多的益生菌,口感贴近母乳,孩子爱喝还不上火。"我相信,很多妈妈会从心里倾向于这位妈妈的分享,如果再要是说又便宜,还有其他福利的话,那一下子就能带起别人妈妈的好奇心和购买欲望。

在品牌的新用户中,可能有很多是间接或直接来自朋友的推荐或介绍,一个经转介绍而产生的客户,通常会比以其他方式争取来的客户花更多的钱、买更多的货,让你赚更多的钱。这种转介绍并不难取得,转介绍会带来下一次的新转介绍,并可以不断地繁衍。

大部分的商家都花了不少时间和精力在广告上,其实只要花一小部分时间和金钱，开发一个转介绍模式，效果可能会好很多。肯定会有人问了，那如何创建一个转介绍模式呢？

有人认为给老客户实惠和好处肯定就能得到转介绍，其实不然。单纯给老客户实惠和好处不一定能让老客户主动转介绍，因为涉及信用问题，一旦产品不好，新客户会认为是老客户为了利益才拉自己的，这样不但没有好处反而会有坏处。

到底什么样的动力能让用户拿自己的信用，为别人的产品背书而做义务宣传员呢？一般有两种情况会让老客户转介绍，一是朋友获益，二是自己获益。朋友获益就是好的东西不分享给朋友就是对不起朋友，自己获益就是朋友付钱购买自己能拿到提成。往往是朋友获益更能让老客户产生主动分享的动力。对于自己获益这件事，很多人不会为了拿到不多的提成而去冒让朋友觉得自己在"赚朋友钱"的名声风险。

所以，真正能够成功的是要让朋友和自己都获益，而且朋友获益在前，自己获益在后或很隐蔽，这样才会让老客户主动转介绍。

比如，把给老用户的提成变成红包，当他的新朋友首次下单后，系统送出100元红包，两人各得一半，这样老客户和他的新朋友都会觉得这是意外所得。饿了么和滴滴都在用这种方法促进转介绍。

再如，可以把提成变为积分，用于兑换礼品。积分的背后其实就是现金，但积分的好处在于让用户感觉拿的不是钱，从而不会产生"赚朋友钱"的愧疚感。比如一些会员推荐新会员加入，就可以得到积分，积满多少分可以兑换礼品或第二年年费等就是这种模式。

还有一种方式是把提成变为抽奖的形式，万一真中奖了，老客户会觉得这个奖品是靠运气赚来的，而不是从朋友口袋里掏出来的。

这是创建转介绍模式常用的一些提成方法。那么在创建转介绍模式的时候还需要有哪些技巧和注意事项呢？

1. 转介绍模式是建立在你真正关心客户的基础上的

不要让自己变成一种商品，而是应该把注意力放在如何为客户的生活或事业做出贡献上，这些都会对结果产生影响。最常用的方法就是提供转介绍客户的激励因素，包括优惠、额外服务及客户认为有价值的东西。

2. 转介绍的根本建立在"信任"的基础上

人之所以会转介绍，一定是信任某个品牌或企业。没有信任这一关，不但不会转介绍，老客户也会流失。所以企业一定要打造让消费者信任的产品或服务。一般有三个方面，即客户对于销售人员信任，对于产品信任，对于产品的售后服务信任。我们常见的粉丝经济，大部分集中在对于品牌、网红本人等的信任关系，也是基于如上三种形式。

3. 经常性地关注和了解客户的满意度

只有客户的满意度一直维持在一个很高的水平，才有可能有后续转介绍的发生。如何了解客户满意度呢？问卷调查是其中一个手段，但不是很明显，往往客户填调查问卷的时候不一定会如实反映。最好的方法应该是在客户购买产品后当面问询，客户往往会说出自己的真实想法。也可以通过日常的销售数据来考量客户满意度，订单持续增加说明客户满意度很高。通过数据对比可以较透彻地了解客户真实的满意度。

转介绍拼的是"口碑效应"，所以，想要让老客户产生转介绍的动力并带动新用户，最根本、最核心的还是要追求产品和服务过硬，好产品自己会说话，好的服务就会口口相传。

提升自我可复制能力

一个企业经营到一定程度都会有扩张的需要，但往往会遇到诸如资金、人才等影响扩张的瓶颈。遇到瓶颈是企业成长的必然，而如何突破瓶颈才是升维和成长。企业只有突破瓶颈才能找到自我复制的能力，这也决定了企业能走多远，能走多快。

首先，资金的瓶颈是很多企业绕不过的难题，常言道，巧妇难为无米之炊，有钱的企业好办事。很多企业认为自己无法创新，无法做大的原因还是跟缺钱有关。因此，在商业模式架构上首先重视轻资产的重要性，船小好调头，轻资产也是有利于一个企业的发展能力。其次学会向金融机构融资，利用外来的资金也是一个很不错的选择。

在设计商业模式时要对资金瓶颈有充分的评估，并且在商业模式设计中要明确突破资金瓶颈的方式方法，而一旦突破了这个障碍，企业就进了一大步。同时，一旦突破了瓶颈，就自然变成了后来者的高竞争门槛。

资金的问题往往出在现金流上，"轻资产模式"能够大幅降低对资金的需求与依赖，并以此为基础获取风险投资和资本市场的大力资金支持。

其次，另一个影响企业自我复制的瓶颈在于人才瓶颈。无论是多少世纪，人才都是最贵的资产。随着人工智能的兴起，企业在快速扩张的过程中要降低对"人"的依赖性，能够实现标准化才是关键性的问题。企业实现自我可复制的基础是标准化。实现标准化的第一层次是企业运转不依赖于顶尖人才，而是一般的员工都能通过标准化流程实现企业井然有序的运转。

比如，麦当劳在全世界开了4万多家店。为什么麦当劳开店速度这么快，而且更容易复制呢？炸薯条2分45秒，汉堡厚度7厘米，可乐温度4℃，打扫厕所的时间15分钟，检查人、监督人等岗位的职责都有明确标注。通过这些标准化的要求和流程，降低了对人的要求，严格按照工序来，就不会出大的差错。所以通过工具模型、流程和标准，就可以做到简单的控制，可以达到想要的结果。善用工具是提高管理效率很好的一个方法。

办企业有一个魔咒，认为中国人往往富不过三代。事实就是一代不如一代的复制能力导致的。

因为创业者的信念、精神、创新等是企业最不容易复制的，所以大多数企业的失败就是失败在复制能力上。尤其是企业的员工，如果企业好的精神没有得到发扬、复制，坏的习惯却越来越严重，这就是导致企业失败的根源。

也有不少企业的总部员工很有活力，很有激情和信心，可是分部员工就死气沉沉。因为分部没有企业的灵魂人物。老板在哪里，企业活力就在哪里，所以人才不能复制的企业，即使有了好的盈利模式企业也难以发展壮大。

因此，企业要想做好、做强、做大，产生不断的升维，盈利模式和复制能力二者缺一不可。盈利模式在先，成功复制在后，没有盈利模式就无法进行成功复制，企业的生存靠盈利模式，企业的发展靠成功复制。

第八章
趋势：未来新商业模式展望与布局

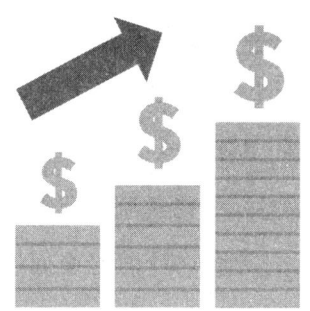

万物互联：数字化时代成新宠

时代已经发生了巨变，当整个世界被连接在一起之后，一切以数字说话。消费者在这样的时代获得了足够的主导权。万物互联的状况下，信息不对称正在被打破，消费者的影响力在渐渐加大。数字化时代用时尚说法就是"大数据时代"，我们比任何时代都拥有更多的信息。"数字化"的内涵远比这丰富得多，对企业的影响也更加深远。

在高度连接的世界，顾客可以了解到详细的信息，从而有更多的选择，企业愿意也好不愿意也罢，越来越以客户为中心、提升客户体验、真正为客户创造价值。这意味着传统以资源为中心的的战略要转变到以用户为中心，从而对企业的整个商业模式进行重构。

随着互联网的发展，我们与世界的联系越来越紧密，沟通方式也逐渐发生了改变；而智能终端、移动支付的发展，我们的生活方式与习惯发生了重大的变化。数字信息技术渗透到了我们生活的方方面面，数字技术也不断完善发展，我们生活的各个领域全面推进数字化，形成了数字化时代。

区块链、人工智能技术的发展，将会在各领域影响我们的生活方式。数字化的本质是开放、兼容、共享，数字时代的特征是数字技术在生产、生活、经济、社会、科技、文化、教育等各个领域的应用不断扩大，获得更好的体验与效益。

无论是哪个领域，数字化时代意味着透明化，消费者的体验和口碑直接决定了企业的生死，无论是线下还是线上，企业必须追求更好、更完美，才能成为"专业选手"，否则那些战略粗犷、运营粗放的公司都将被淘汰。

比如，淘宝靠免费和体验赢得卖家，靠支付宝和广告赢得买家，用集市和旺旺打通买家卖家，最终淘汰了"老大哥"eBay（易趣）；去哪儿靠着平台模式，分了携程一杯羹；Uber以共享模式，通过数据实现了司机与乘客之间的最优匹配；小米利用消费者的热情参与实现了C2B的反向定制，完成了去中介的革命，成为第一家不打广告、不做渠道就能实现盈利的手机品牌……数字化时代下，仅有好的产品已经无法撼动行业的格局了，几乎所有对旧有格局的颠覆都需要在商业模式上做出创新。

那么，数字化时代的主要特征有哪些呢？

1. 虚拟性

数字是看不见、摸不着的东西，这就是其虚拟性的一面。虚拟性支援是信息载体的电子化、社会组织的数字化，商业主体和企业活动都依靠这种虚拟性进行连接。

2. 全球性

互联网时代加上区块链的发展，使数字技术具备了全球连接的功能，商业模式是闭门造车还是适应数字时代特征，成为了企业是否优秀的衡量标准。

3. 融合性

大部分商业主体的要素是一致的，比如研发、渠道、供应链等。

4.数字化

用简单的例子来说，我们每天通过微信、支付宝进行大部分的交易，这个行为都已经变成数字化。数字时代的合约数字化是数字时代社会的运行基石。在这个基础上，数字化商品逐渐成为社会的主流。数字时代，将以非物质成果为社会主流，摆脱传统社会的物质消费特征。

根据这些特征，未来的企业需要在布局商业模式上有所侧重与创新，要适应数字时代才能发展。

大公司可以根据现有的产品和服务以及市场，推出更好的产品，满足现有客户更高的要求，提高利润率。小公司则要避开与大公司的正面竞争，针对低端市场或者新兴市场推出更便宜、更简单的产品或服务，慢慢向上游走，最后完成对行业的颠覆与创新。

具体要注意哪些地方呢？

（1）数据时代将碎片化的数字变成了大数据，大数据就像是金矿、银矿里的金子和银子一样，要学会挖掘自己需要的数据，而不是追求海量数据。

（2）传统企业向数字化平台型企业转变。以淘宝为例，它不见得拥有商店，只关心一方跟另一方之间的关系，利用平台完成过去不可能想象的事情。所以，企业要把封闭企业改造为开放平台，探索出可复制的连接点循环，抓住转型窗口期，打造数字平台，避免资源浪费在传统模式的同质化竞争上。

（3）消费者从大众化变为个性化。数字时代的年青一代成为消费主力，产品或服务要追求个性化需求，以满足新一代消费者不断变化的购物偏好。在电子商务时代，每个消费者是一个数字，你在这边不知道对面人的真正身份，有什么样的需求。但在数字智能零售阶段，离线的真实身份和用户的网络身份是相连接的,即所谓的"人的数字"。这种数字化意味着消费者将拥有更多的三维肖像。因此,品牌方面也需要积极拥抱这种数字化。

（4）从人与物互联到物与物互联。例如,腾讯主要就在做连接,做人与人的连接,而阿里做的是人与商务的连接,因为连接才有网络效应,才有商业模式的创新、叠加。未来的连接技术不仅要把全球 50 亿人连上网,更要将无数物体连上网,包括家里的摄像头、衣服、门铃、电表、眼镜等。连接正在走向物联网,未来的连接已经不再是人与物,而是物与物。未来,无论是衣食住行还是精神娱乐,通过与 App 的连接便可以获得。未来生活需要、消费习惯、阅读习惯等,都可以建立应用来获得。

数字时代可以说是一个全新的时代,虚拟世界和物质世界越融合越快,移动互联也许渐渐会成为过去,区块链人工智能时代已经开启,未来创新和发展的速度也会越来越快,行业的边界也会不断打破,抓住机遇企业会生,抓不住机遇无法适应的企业会死,这将成为常态。

农村商业模式成未来角逐场

如今渠道下沉至县镇级,甚至是农村市场,慢慢吸引年轻人回乡创业,农村的商业模式将成为未来的角逐场。未来以"80后"为代表的人群,他们在一、二线城市打拼过,有一定的互联网思维,逐渐会选择回到自己家乡干一番事业。

农业产业大有可为,大有潜力可挖,关键在于改变传统的农业生产方式,不断提高农民的素质,努力提高农业的科技化、现代化、规模化和集约化水平。

尤其随着近年以来,城镇和农村基础设施的完善、快递业的高度发展以及互联网的全面普及,零售业的格局也从区域性走向全国,一、二线城市的零售市场也在这十年期间逐渐饱和。在数字化和全渠道融合的驱动下,更多的人把目标转向了县镇乡级地区,农村的商业模式也在浪潮之下发生了许多变化。

过去农村的农产品或特产,总要经过收购商到零售市场再到消费者手里,层层加码,使得这些产品销路不畅,无法触及更多的用户。随着互联网电商渠道的开拓,大批量的农产品以及地方特产可以通过网络平台销往全国各地,另外还有直播等多种方式,农产品已经不像之前那么难以打开销路,很容易直接送到消费者手里。成本降低以后,农民和消费者双方受益。

未来的农村商业有几个发展趋势：

其一，由于集体土地进行流转，把之前各家各户的土地变成了批量化，之前独立种地的农户变成了以后职业种地的人，所以未来农村会出现中小型农场的雏形，而且这种中小型的农场会越来越多，为未来现代化农业打下基础。

其二，农产品有机种植会成为农业的价值之一。在绿色环保和食品健康呼声越来越高的状态下，绿色有机农产品将成为人们的需求。绿色有机农业发展的最大瓶颈就是无法便捷地对农产品进行追踪溯源，如果后期通过科技手段解决了这一问题，绿色有机农业将迎来大爆发。

其三，农业会和互联网结合，打通线上线下的销售网络。大多数人认为互联网农业不好做，这虽然是事实，但随着物联网、大数据等技术的进步，将农业连接互联网，实现科学管理、智能化种植、信息分享、网上交易、电子支付、智能物流一定会成为未来农发展的必然趋势。

抓住这些趋势，使得农业规模化且更具效益，对于克服和解决农业生产规模小、分散经营的问题具有重要意义。

目前，我国农村电子商务发展仍处于起步阶段，其发展具有快、广、热等特点：农村网购用户和网购规模快速增长；覆盖面越来越广；社会各界积极投入农村电子商务建设。农村电商的快速发展将极大改变农村商业模式，一方面让农民购物更加方便快捷，丰富购物选择；另一方面促进当地农产品销往城市和外地，丰富农产品的销售渠道。随着网货下乡和农产品进城双向通道的建立，电子商务将进一步带动乡村旅游、农村医疗和金融服务等市场，更好地改善农民生活，推动城乡一体化发展。

积极布局农村商业新模式，共建农村商业新生态，大企业都在积极进行，比如，阿里巴巴的"千县万村"计划，苏宁的"下乡"计划，以及京东的"县级服务中心"和"京东帮服务店"，顺丰的"供销e家"等，都是农村电商发展模式。

未来的农村商业模式不仅仅限于电商模式，还有更多的可能。比如：

"生鲜农产品＋互联网"，虽然目前来看这还属于小众化、定制化的模式，但随着新零售之风的到来，以及知名电商的牵头，生鲜有机农产品电商会逐渐为更多人所知，未来互联网加生鲜农产品将会是农村商业模式的一个热点。

"农业生产＋互联网"，农业生产借助互联网可以打破地域限制，可以做到精准化、标准化农业生产。农业生产利用互联网的新兴技术，为某一地域构建完整的农业生态圈，对于构造精准化的农业模式，促进农业发展大有裨益。

"农业产业链＋互联网"，传统的农业往往靠天吃饭，老天何时下雨或者下多少雨，决定了农业的收成如何，收了以后怎样卖、卖给谁、卖多少几乎都是未知数。而农业生产通过互联网则可以实现全产业链控制，从种植到收割再到销售，实现全流程的把控。最大限度地减少了农村劳动力匮乏的现象，促进了农村的快速发展。

"农资＋互联网"，因为有了互联网，农民购买农资较之以往便捷了许多，成本也减少了很多，无形中决定了农业可以走得更高，尤其是偏远的农村更为明显。与互联网相结合之后，农资购买环节中间流程极大减少，降低了农户的购买成本，在给农户提供便利的同时也降低了整个农业发展的成本。

当农村与互联网发生不断的连接，农业发展、未来农村市场的潜力会越来越大。

数字化技术潮流席卷中国时，在地区的渗透上，总是先城镇，后农村。农村中的网购、物流、移动支付等，每一样事物都是在城市普及之后才开始兴起。

在这广大的乡村土地上，让每个人都把视线从庄稼地和家长里短上挪开，放眼一亩三分地外的社会形势，或许还并非一件易事。当然，国家也在不断完善和发展农村经济。互联网创业公司只要能抓住机遇，前途光明无限自不必说，对于农村发展而言，也是相当强劲的一股动力。

网红经济，直播带货

网红的着力点其实不是"网"，网只是助推器，关键是在于"红"。"红"不是动词或形容词，而是名词，是指名人或者知名的事、物等，都是靠"红"来进行经济上的转化，销售基本上也都是"红"的影响力，买单的差不多也都是粉丝。从这个意义上来说，只要出名的、聚集了大量粉丝的，无论是人还是物，都能转换成网红经济。

网红之所以会成为一种现象，会升格成为网红经济学，很重要的原因是借助了移动互联网这个助推器。我们知道，互联网对信息的处理具有快速、海量和放大的特点，特别是移动互联网，又把"网"的作用提高了一个层次，所以网红的热点效应就会出现叠加，其舆论能力就会被放得很大。

如今的网红经济已经初步形成了上、中、下游紧密联动的专业化生产产业链，网红更像是一种产品，上游负责生产产品，中游负责推广产品，下游负责销售产品，形成了拥有推广渠道、内容、销售途径等环节的营销闭环。

资本联姻使网红成为一股非常强势的力量。以前的网红往往只是单兵作战，其影响力转化的渠道大部分都落在了淘宝店和微商上面了，很难带来可观的或者说可以拿得出手的经济效益。但是近年来，随着移动互联网生物进化论的兴起,很多资本越来越重视单点影响力的作用,只要发挥得好、引导得好,完全可以进化成一棵参天大树,具有非常高的溢价能力,网红的资本作用越来越明显,网红背后的资本力量也越来越集中。尤其在人人都能成为自媒体的时代,网红效应+直播效应=大量销售。

直播已经渐渐融入每个人的生活之中,可以说,全民直播的时代已经来临。抖音快手在直播,淘宝京东卖东西也在直播;唱歌的App在直播,知识付费的App也在直播;明星大咖在直播,普通人也在直播。大家看直播不仅仅是一种时尚,还是一种获取信息、得到娱乐的途径。做直播的人不仅仅是消遣或秀才艺,更多的时候是通过直播带流量,赚得越来越多。随着带货一哥李佳琦、一姐薇娅的火爆,越来越多的人关注到直播带货这条销售新路子。

直播不但带来了多种商机,同时刺激了社会的各行各业,比如,直播强大的互动性为电商引来了新的能量,直播也为很多平台和品牌做了广告宣传与营销带动,影视圈的很多明星也开始直播,为电影、电视剧、代言产品等做宣传。

很多人发现直播是商机,是新的商业模式,是建立在个人信用上的超级带货神器,纷纷加入直播。于是,各种"直播+"不断涌出。这是直播优越性的体现,也是其未来发展的大势所趋。如果不想被时代所抛弃,那就得加入直播这个行列,或者要积极去布局直播模式,才能不被淘汰,直播的未来不可限量。

直播已经得到了各行各业的青睐,具备无限的发展潜力。做直播,能在了解许多新兴事物的同时,还能名利双收,另外做直播的过程中也是一个不断学习的过程。

那么，直播究竟怎么做才能实现带货呢？其实简单来说就是正确处理人、货、场三者的关系。

先说说人，无论是靠直播寻得别人的打赏还是卖货，一定离不开两种人，一是主播，二是观众。主播大部分都是先成为网红，有了人气以后开始直播，所以也可以理解为"主播＝网红"。比如小米的雷军在做直播，万达集团董事长王健林也和著名主持人鲁豫一起玩直播，再到现在主持人、商业大咖、明星都纷纷加入直播的队伍，有了网红效应，直播带货就成了水到渠成的事情。

有的人把自己培养成了主播，但也有人借助平台外借主播，无论是自己当主播还是借别人来当主播，至少要符合三个方面的条件：一是形象好，无论是男主播还是女主播，无论是"80后"还是"00后"，颜值是主播的第一关。要不然当你打开镜头，无论多么强大的美颜功能都不能使你看起来好看，那么这样的直播上来就不太成功。除了形象之外，还要对所卖的货有定位，你要凭直播卖什么？卖母婴产品就最好选择30—50岁的女性主播，既有育儿经验又有亲和力，这样的人才会对产品有说服力，与观众不会产生距离感。但是，如果你想以理科男的方式做科学测评，也可以用男性主播。如果是卖服装鞋帽的人，那么就要按照品类来定主播人选，活泼类的就选年轻活泼的主播，反之成熟稳重的就选相对成熟理性的人来当主播。二是卖货能力强。虽然主播的外形条件很重要，但沟通能力更是重中之重。作为主播不仅要会直播，关键还得把货卖出去。这就需要主播具备口语表达能力、肢体表现能力以及特殊情况的应变能力，能随时调节现场的气氛和观众互动。更重要的是有节奏地引导用户去下单购买，这意味着主播对粉丝或直播间的观众要有足够的号召力和信任感。三是对于主播是自主培养还是租借的问题，如果是自有品牌最好选择自己内部培养，这样对品牌的熟悉度高，知道产品的优点在哪里，缺点在哪里，在与观众互动的时候也能有所侧重。

主播的事情解决了，下一步就是要谈论卖什么货，怎么卖货。大部分直播都是靠人气很旺的网红带动起来的，所以货是商家提供的。有的主播自己就是商家，而有的电商平台或者直播机构，需要进行招商。在招商的过程中，考验的核心是两点：一是产品是否足够丰富，有没有爆款，产品的优惠力度是怎样的；二是服务能不能跟得上（这一条很关键，有的主播能力非常强，开播一天能卖很多商品，但后续商家能不能在短时间内发货就是个考验），如果主播卖得好，但后面发货慢，也会影响后面的直播卖货效率。或者产品收到后有了问题，客服能不能及时解决。直播作为销售的一种模式，消费者很关键，要思考消费者需要什么产品，期待什么样的活动，会因为什么而感到惊喜。消费者在直播中，会因为什么而下单，在什么样的时令节气需要什么，最近正在追哪些全网爆款。这些都是作为主播在选品、直播过程中，要注意表现出来的地方。毕竟，直播最终是为消费者服务的。而且随着主播慢慢积累了客户或者是粉丝之后，更应该了解粉丝需要什么，喜欢什么。直播结束后，还要进行直播的复盘，准备次日直播计划、资料宣传、官方活动、商务对接等安排。

最后就是场，做直播其实并不局限于空间很小的直播间，而是会在多种场合直播。比如有的人在田间地头做直播，有的人在商场里做直播，也有的人在家里做直播，这些都可以归为直播的场景。要想直播做得好，对于直播间布置以及氛围如何也是很有讲究的，把主播放在一个什么样的场景中，突出什么样的形象，会对交易产生潜移默化的影响。比如李佳琦标志性的口红背景墙，就会让粉丝对他产生信任和羡慕，也在时刻凸显他口红一哥的身份实力。直播的场景需要根据所卖的产品来布置和设计，最终的目的是既要让粉丝看着舒服，又产生信任感。直播场景既可以自己打造，也可以请专门的直播机构来布置。直播卖货不只是直播间需要打扮，其实还有很多基础直播配套需要设计。比如在直播之前，进行一些与直播相关的宣传，比如海报、文字、短视频等。一些做得比较好的直播大咖，往往在微博、微信、快手、抖音等都会有各种活动的预告。

要想做到直播带货，除了把前面我们讲的"人、货、场"弄好以后，还有几点注意事项：

1. 信用好，直播才好

无论做什么现在都是一个信用至上的时代，如果直播的货不好，无论直播讲得多么天花乱坠也只能是一锤子买卖，起不到长久持续的效果。所以，卖得好的前提是人品好，信用高。

2. 想要吸引粉丝参与，要给予优惠刺激

比如发红包、抽奖、金币、优惠券等。包括微信在内的直播平台的一些小商家，刚开始直播的时候，一定要学会利用抽奖、免单、发红包的方式，引导用户分享到朋友圈、微信群中。

3. 直播具有真人直观性的特点

由此，卖食品试吃很关键，卖衣服试穿也很重要，每个主播都有自己的风格，每个产品也有自己的卖点表达方式。有的主播喜欢叫卖呐喊，这种讲解方式看起来土，但有时候就是很有效。如果有嘉宾助阵那就更好了，利用嘉宾本人的名气或者其他的特长优势，向消费者推荐，对卖货会有拉动作用。

直播行业正在一个上升时期，并且不断产生新鲜的事物，做产品的可以直播，健身的可以直播，网红可以直播，普通人也能，所以直播不再是网红的专利，人人都可以做直播。或者更确切地说，人人都可以成为网红，人人都能直播。每个人都可以按照自己的喜好来选择自己要关注的主题，要想销售的产品，只要在自己的领域有长项，再考察一下用户的需求，直播带货将成为可能，也符合未来新型商业模式的趋势。

商业模式是设计出来的

人人都能享受订阅模式红利

订阅模式的核心是"订阅",订阅英文为Subscribe,在牛津英语词典中被解释为"定期支付一定金额以便接收或使用某物",其派生词Subscriber意为"订购者、定期捐助者、消费者、用户"。

所以"订阅"一词本身就代表了一种商业模式,以承诺或合同为基础,使用户与事物之间存在定期付费以接收或使用的关系。

我们每个人对订阅模式都不陌生,订阅在我们的日常生活中也随处可见。从知识付费到企业服务,订阅模式正在影响着每一个人和每一家企业,也正在成为数字时代重要的商业模式。

什么是订阅模式呢?简单来说,就是指企业和用户(订阅者)之间达成的承诺,在未来一段时间内,订阅者定期付费以使用企业提供的订阅服务。这与传统的一次性购买模式不同,以前企业和客户交易完成后,双方关系即告结束;而在订阅模式下,客户付费订阅只意味着双方关系的开始,企业必须持续提供良好的用户体验和服务,以获得客户的持续使用和续费。

订阅的价值交换并非一次性的,而是可以长期持续循环的。订阅循环以企业和订阅者的双向承诺为纽带,基于时间线的订阅服务和经常性收入的价值交换循环。

我们通过一个故事来了解一下订阅模式：

有一对姐妹，妹妹向姐姐展示了一件价值昂贵的晚礼服，这是为了参加朋友的婚礼而提前透支信用卡买的。姐姐看着妹妹堆满衣柜的衣服，认为妹妹这样奢侈的消费方式太浪费资源。于是姐姐提出了个大胆的想法："为什么不做高档礼服租赁呢？"于是姐姐找到了商学院的闺蜜，决定就这个想法开始创业。她们将买来或借来的礼服在两个大学进行用户测试，结果得到了非常积极的用户反馈，于是创业就此拉开帷幕。这个礼服租赁的模式就是让年轻女性按月租赁衣服，如果觉得好可以买走，这就是订阅模式。通过线上的服装租赁服务，让女性买得更少，穿了更多她们想要的风格，彻底改变了用户的衣柜和穿衣方式。这个模式让消费者从购买衣服的所有权，转变为订阅衣服的使用权。从所有权到使用权，从购买到订阅，这是订阅经济根本性的改变，也是我们理解订阅模式的基础。

订阅和买断都是一种价值交换，但订阅和买断有着很大区别，订阅的价值交换并非是一次性的，而是可以长期持续循环。

如今人们处于物质丰富的时代，在商品的供求关系中，供给远远超过了需求。当消费者只需订阅即可获得商品使用权的时候，消费者对商品所有权的态度发生了变化。他们不再追求"占有"，而越来越倾向于"订阅"，这为订阅经济提供了生长的温床。

订阅模式是让用户能够规律地享受产品或服务，用户提前付费或定期付费，除企业能获得持续稳定的现金流外，用户也能通过该模式节省时间或金钱。

企业提供产品或服务时，只要用户是定期消费的，都可以采用订阅模式进行新的商业模式探索，从现在已经很普及的鲜花订阅、蔬菜订阅、服务订阅中，我们甚至可以想象出无限大的空间，比如衣服订阅、旅行订阅等。

比如，有一个宠物电商品牌，每30天为用户寄一个盒子，里面包括猫粮、零食、玩具等猫用品，一站式服务提供了养猫所需的各种物品。每个盒子的价格在100—380元。其中，主粮由用户自选，其他产品由兽医和资深猫奴联合选品。同时，猫盒会根据季节等因素为猫咪搭配当季产品，夏天选择化毛膏、梳子、冰垫，冬天搭配围巾。用户可以单月购买，也可以按季度、年订阅。

在我国，宠物市场刚刚起步，宠物市场渗透率相对较低。这意味着宠物用品行业的获客成本高，而宠物用品行业的另一个特点是客单价低，因此，宠物品牌通过订阅可以解决两个问题：一是如何低价获客，二是如何提高用户的复购率。

传统销售模式意味着消费者的每一次购物，品牌都需要支付获客成本，而订阅制只需支付一次获客成本就可以实现多次复购，降低了品牌的获客成本。在此基础上，精准获客也是降低获客成本的有效方法。

订阅模式可以使商家自下而上地建立更好的商业系统。订阅业务的基础是客户留存率和转化率，也就是说在用户的获得上会有更好的投资回报率。商家可以更好地预测对原材料的需求，从根本上解决库存的问题。所以收益也是可预测的。最终，所有事务都会更加智能和快速。

可以说，订阅模式是适合任何企业的一种模式，但要玩转这个模式，还有几点注意事项：

1.业务规模与工具相匹配

订阅模式在没有形成规模之前，也许用户用一个简单的Excel表格就能记录下来，但如果随着业务发展，订阅的用户增大，必须有大数据技术来分析和记录，那样不但可以实现精准推送，还能实现及时查阅用户信息与库存资源。

2. 打造成熟的业务线

如果没有成熟的业务线，盲目采取订阅模式的话，会让成本高于利润，如此一来，采取的这种模式就是错误的或失败的。最好是互联网企业时刻关注内部问题，不会因为规模大而导致成本上升。在发展初期要成功运用该模式的话需要进行ROI的分析，确保不会因为通过订阅模式产生的利润低于生成成本。

3. 给自己的用户定位

当一个企业能够精准地为用户画像，勾勒出用户的不同年龄、不同城市、不同性别以及有什么兴趣爱好的时候，就可以根据这些有针对性地推广产品。我们日常上网都有这样的体会，当你浏览了某个产品后，下一次打开网页就会有类似这个产品的相关推送，这就是对于用户的行为记录。随着互联网大数据的发展，线上订阅模式也要做到定位自己的用户，只有自己的鱼，才能上钩。否则都属于别人鱼塘里的鱼，获得用户的成本就会提高。

4. 无论是产品还是服务，都必须建立以用户为中心的思维模式

在产品服务、订阅权益以及过程中的问题解决方面中，全面提升用户体验，以确保获得好的用户留存和用户忠诚度。然后才能形成订阅循环，才能长久留住用户。

随着互联网、云计算以及大数据的发展，订阅模式与传统模式的一次性购买相比，具有了更多的价值。一次性的购买，使商家与用户之间的关系是短暂且不稳定的，而订阅模式改变了这种状态，商家和用户之间是一种承诺关系，只要维护好这个模式，企业可持续发展的时间就长，

确保了关系的长期性、稳定性，同时也保证了用户的忠诚度。同时，商家可以提前预测稳定性、经常性的收入，让企业获得稳定的、可预测的现金流。这样就能提升企业的估值，意味着可以从投资者那里融到更多的资金，最终可以给股东和公司带来更多的收益。

所以，无论从当下还是从长远来看，订阅模式都是一个非常重要的模式，值得企业为之谋划和布局。

公益+慈善模式传递正能量

无论是传统企业还是互联网企业，创办企业的初衷和维持企业运行的手段必定是赚钱，一个企业主如果说他不追求利润，多半不是真话。但企业一旦做大，利润就不可能是唯一的目标了，对股东和管理者而言，个人收益会随着企业规模扩大、巨额利润的获取而被超越。用老百姓的话说，一个人的财富达到一定的规模后，那只是一个数字了。那这个时候什么才是重点呢？就是企业的综合口碑，包括为他人谋福利，为社会做贡献，为人类社会的文明发展贡献力量。为什么马云在做慈善，李嘉诚在做慈善，比尔·盖茨在做慈善？这就是企业有了一定高度之后，创办企业的人或者企业本身所关注的重点从盈利变为追求更有价值的东西，慈善就是价值的其中一种。善事是一种"利他精神"，利他的最终目标是利于公司。

企业做慈善是一种新的经济模式：企业方面，以产业为核心，服务社会、服务人民；慈善方面，以公益为核心，造福社会、造福人民。

企业做慈善并不是一件非常容易的事，就像有句话说的那样，"有善心不难，难在有善举；有善举不难，最难在有善果"。这说明什么呢？慈善与公益也有成功和失败之分。

一个成功的慈善活动在带来巨大社会效益和经济效益的同时，还有可能为行善者自身带来显著的利益，虽然这可能并非其初衷；而一个蹩脚的、失败的慈善活动不仅不会创造正面的社会效益，还有可能为自身带来道德风险和名誉损失。

在我们国家，公益需要有一个突破，就是用商业的模式做公益。人们讲到公益慈善，就认为是非常无私的；而讲到商业，就认为是暴利的。商业之所以能持久，就是因为企业有利润，只有有利润才能持续下去。同样，在公益组织，如果投入后的产出不足以支撑自身，那么，善款就没有用到最合适的地方。

所以，未来的"公益+慈善"模式应该是，把有限的公益资源投放到收益最大的项目中去，帮助将来可能自立的人。因为善款就这么多，但需要帮助的人有无数，不能因为谁可怜就捐给谁，这是不明智的做法。明智的做法是，既有一颗爱心，还有一个理智的大脑，在力所能及的情况下，对各个项目进行衡量，找到投入产出比最大的项目，努力实现这种项目。这种项目的效益就是最高的，捐款人看到更高的效益就会受到鼓舞，愿意持续捐款。所以，用商业模式做公益，就是实现资源最大化利用，达到效益最大化。

在网络时代，"公益+慈善+互联网"成为一个新的慈善模式，实现人人公益、人人受益。

这种模式不是简单的扶贫济困，而是要走向前端，发挥慈善温暖人、慰藉人、鼓励人的优势，让更多的人参与到身边的善事。以善的力量，共同构建人类的美好生活。从落地形式上看，将推动慈善进社区更加方便快捷；从慈善对象上看，慈善关注的不仅仅是弱势群体的改善，还有捐赠者的感受；从运作模式上看，慈善将摆脱单纯的道德绑架，采取多赢合作的模式，使社会公众参与到慈善中来。

这些年，公众会发现基于互联网的公益创意越来越多。比如，"冰桶挑战"席卷全球，让渐冻症这一罕见病为大众所知晓；又如，腾讯视频《明日之子》携手病痛挑战基金会联合发起了"含水唱歌挑战"公益活动，呼吁公众关注脊髓性肌肉萎缩症患者。可以说，借助互联网，普通公众参与公益的门槛降低了，方式也更加多元。

除了方式上的多元之外，互联网时代的公益慈善模式对于公益组织的要求也越来越高，比如受助信息是不是真实，善款能不能规范使用，慈善组织有没有依法管理……通过在线平台公开慈善组织信息，反映的正是互联网公益的日益勃兴。据统计，慈善法实施一年来，超过10亿人次通过网络捐赠。基于新媒体的社交化，参与式公益正在悄然改变中国的慈善模式。

具体有哪些公益模式呢？

1. 直接向需要的人捐款捐物的慈善活动

这种模式的缺点是相关支出难以抵税，同时缺乏专业的操作能力，往往效率低下。另外，这种以自身名义从事的公益很容易引起社会的关注，出现麻烦，比如韩红做慈善和公益，经常受到一些人的质疑，虽然别有用心的人不在少数，但这种以自身名义从事公益的方式，很容易让自己好心付出却得不到应有的尊重与理解。

2. 向专业的公益机构捐款捐物

比如红十字或某基金会，以该机构的名义或联合该机构从事公益。目前这种慈善也是有优有劣，如果企业捐赠达到一定的额度，可以委托第三方进行事前评估、事后验收或委托第三机构跟进项目，追踪资金的去处。

3. 在基金会中设计专项慈善或公益基金

这种模式又可分为两种：一种是专项基金的实际运作者是基金会，

作为捐赠者的企业或个人与基金会通过协议的方式约定资金的用途；另一种则是专项基金的实际运作者是捐赠人本人或捐赠人指派的人，捐赠人按一定比例向基金会支付"管理费"或分担基金会的一些日常成本。后一种模式下的专项基金实际已具备一家基金会的雏形。

4. **企业发起设立一家基金会或公益组织**

这一模式的最大优点是可以借助公益和慈善之名形成自己的专业形象和公益品牌，而且一旦运营成功，会给企业带来很多正面的影响以及成就感，这是其他模式无法可比的。但是有利也有弊，运行这样的基金难度会不小，持续下去也是对一家企业的能力和精力的考验。由于基金会的设立较为专业烦琐，而且在基金会的治理和运营中均存在许多的难题需要面对和解决，故在所有公益的模式中，这一模式最具挑战性。

5. **企业通过慈善信托的方式做公益**

即企业或个人以较大价值的公司股权或资金在信托公司设立信托，并将基金会或慈善机构确定为受益人。这一方式最大的优势是能够保障资金的长期稳定性，有利于公益活动的持续进行，比较适合一些有中长期规划的公益项目。当然，事实上，企业或个人可在慈善信托的模式下，与前面几种模式相结合，长期投身于社会公益慈善事业。

总体来说，目前我国慈善和公益的商业模式发展势头良好，但缺乏与外部组织的有效衔接，效率不高，这一问题仍需找到更好的创新型解决办法。

期待我国出现专门的、有影响的、有权威的协调型机构来协调慈善组织与政府的关系、募捐机构与实施机构的关系以及各慈善组织之间的关系。这将是未来慈善公益的商业模式出路。

智能家居让生活更时尚

对于未来的家居生活,你是怎样幻想的呢?是清晨机器人管家的贴心叫醒服务,还是精进的无人驾驶技术带你飞驰在道路上,是汽车自动泊车,还是驾驶舱自带梳妆台、自带冰箱或加热装置,让你想喝冰水喝冰水,想喝热饮喝热饮?这些可能放在前几年觉得不可思议的幻想,但随着时间推移以及科技的发展和人们对美好便捷生活的向往与追求,未来的智能家居让这一切成为可能。

西屋电气公司(Westinghouse Corporation)曾经做过一个"全自动家居愿景"的宣传片,场景如下:

当一对年轻夫妇走近房子前面的台阶时,电灯自动亮了起来。镶嵌在门上的珠光宝气的圆圈——这其实是一个微型的安全摄像头,会把他们的图像投射到房间里的屏幕上。只要女主人按下按钮表示同意,门就会自动打开。

当客人快走到你家时,柔和的光线灯会沿途引导他们到家门口。随着他们走近的步伐,路边的灯就会自动亮起来。当客人到达门口时,摄像头会拍下他们的照片,并自动传送到房间里的屏幕上。当你看到客人时,你还可以通过语音来欢迎他们。

这不仅仅是宣传愿景,随着科技的发展和进步,这种愿景都将成为可能。

未来智能家居不局限于自动加热、烹饪、照明等技术，它还提供各种娱乐，培养兴趣爱好，让你和家人更快乐、更健康、更充实地生活。

什么是智能家居呢？与普通的家居相比，智能家居不仅具有传统的使用功能，还有网络通信、设备自动化、信息家电等功能，集高效、舒适、智能监控、智能防盗、环保等为一体，在为人们提供全方位信息交互功能的同时，还能帮助家庭与外部保持信息交流，同时还为各种能源费用节约资金。

比如，微软打造的"未来之家"数码相框，以及"未来之家"智慧厨房；中国移动推出的灵犀语音助手3.0，可以用语音实现对智能家居的操控，还推出"和家庭"，面向家庭客户提供视频娱乐、健康、教育等一系列产品服务平台；中国电信与电视机厂家、芯片厂家、终端厂家等共同发起成立智能家居产业联盟；京东打造智能硬件管理平台，包括云空间、汽车服务、智能家居以及健康生活，各个板块的产品都可以通过京东的超级App来实现统一管理。

我们普通人已经明显感受到了智能家居的好处，比如数字电视同时有网络功能，教育、购物、观影等都可以在电视上进行。

智能家居产品形态也在不断发生演变，从智能单品到不同产品联动，最后发展成智能系统集成。

智能单品就是将某个单一的电器产品设计成为智能型的，如海尔、美的、LG等设计制造的智能冰箱、智能空调和智能洗衣机，小米、百度、乐视推出的电视盒子、路由器、摄像头等，这些都属于智能单品，这是智能家居的第一个阶段。

智能家居第二阶段便由智能单品发展到了产品联动，这种联动表现出来就是不同产品之间可以共享互通，比如合作企业之间可以将某种产品的算法嵌入另一种硬件设备上，用户可以在一个产品的平台上查看另一产品的数据。有的企业可以在自家平台之内对不同产品进行联动。

智能家居第三阶段便是智能系统的集成，也就是不同品牌的产品之间的融合和交互，原则上，智能家居是一个平台，同时也是一个系统，是各种家居设计的集成化。所以，智能家居的发展一定是从智能单品进化到系统集成，最终产品与产品之间互通互融不再需要人为干涉，而是能够自主地进行各种行为。

除了上面产品形态的进化之外，智能家居的控制方式也在不断演变，从最初的手机控制发展到多种控制方式结合，最后到感应式控制、系统自制控制四个阶段。手机控制的优点在于主人不在家也能实施控制，但也有很多缺点，比如一旦手机丢失，家中的一些智能设备就无法正常工作。再加上手机的内存有限，还无法在智能家居产品之间形成有效的联动协作。多种控制方式结合是在手机控制的基础上产生的，比如能够通过语音或手势控制智能产品。最后发展到感应式控制，智能家居变得更加智能化，目前市场上的感应灯、感应节水器、感应闸、感应冲水马桶等都是这种控制方式下的产品。最高级的控制是系统自制控制，就相当于智能机器一样的系统，能让智能家居进行自我控制。当智能家居实现自动化之后，我们才算真正迎来智慧的生活，值得期待也并不遥远。

智能家居时代拓宽了平台增值的想象，这也是小米敢于大声宣布硬件税后净利率不超过1%的考量。智能家居平台是地址固定、支付安全的环境，同时智能家居如果结合社区电商，可以整合社区周边的服务。比如在家中通过智能家居设备叫外卖或者家政清洁，服务人员就可以通过人脸识别直接入户配送。

智能家居的一条根本原则是要重视个性化，必须通过引人入胜的内容和社交媒体为消费者创造独特的体验。

从产品的工艺数据，到基于特点用户口味的产品和服务信息，再到用户过去的购买习惯和产品使用信息，只要善加利用，就会发掘更多的机会。

未来想要架框或设计智能家居平台的企业，可以通过社交媒体和网络社区更加贴近消费者，消费者往往会通过这些平台积极反馈经验，分享有用的使用技巧，甚至进行产品推荐。而这些有效反馈就是公司改进产品的最佳指导。

用游戏思维打造未来商业模式

人们喜欢什么呢？除了喜欢钱，就是喜欢"玩"，也就是放松。这是人类生存的共同需求。在放松方面，最好的方式就是游戏，无论是小孩玩电子产品中的游戏，还是成人玩牌、麻将的现实游戏，都是很好的放松方式。所以，游戏并不是一个让人避之不及的"猛兽"，尤其对于经营企业和卖产品、服务的商家来说，如果能够有一款产品像游戏那样吸引人，还愁没有客户吗？如果一个商业模式能够像游戏一样，一定能够赢得消费者的喜欢和忠实。

都说未来的消费主力军是"80后""90后""00后"，"90后"到"00后"这一阶段的人都是在游戏中成长起来的，他们玩魔兽，玩王者荣耀，玩很多游戏，这样的一群人，追求生活和产品都是好玩、有趣，如果未来的企业或产品无法做到像游戏一样好玩有趣，会失去很多潜在的消费者。虽然不至于把产品和商业模式打造成游戏一样，但用游戏思维打造未来的商业模式却值得我们借鉴和参考。

游戏化是当下乃至未来最热的商业策略，对游戏化的理解越深，在品牌营销中将游戏化渗透得越深，品牌也就越能成功地推动和顾客的互动。在《游戏化营销》中有这样一句话："游戏总是让人沉迷，这是人类爱玩的天性使然，正因如此，游戏化思维会成为企业未来的掘金镐。"

试想，如果把学习软件设计成游戏模式，是不是能让孩子们积极参与学习而不用与家长大战呢？很多家长都有过相同的体验，让孩子学习简直就像唐僧控制孙悟空似的，除了碎碎念没有其他方法，效果还不理想；但不让孩子玩游戏却又不得不斗智斗勇，孩子见缝插针，无论多忙多累，忘了吃饭都忘不了玩游戏。未来的教育不应该是死板的灌输，而应该改变思维，让游戏元素加入教育理念，从而引起孩子的兴趣。

试想，如果把 App 设计成游戏模式，是不是能让用户更喜欢参与而不轻易放弃呢？这是一种游戏化的思维模式，目的是获得更好的营销效果，改善企业与客户之间的关系，提高客户参与度及其对产品的认同感和忠诚度，并最终增加企业的利润。作为市场营销的一种形式，游戏化可以利用外部复杂的数据推动营销发展。事实上，游戏化丰富了企业理解和激励客户的方式。

试想，如果企业能够把制度设计成游戏模式，是不是能让员工工作更卖力，更具有热情呢？这就是内部游戏化的思维。大部分企业员工丧失参与的意愿，失去工作的动力，被剥夺应有的权利，被切断本应存在的联系……难道这就是员工和客户一直以来，并且即将持续下去的状态吗？谁都希望在工作中也感受到跟玩游戏同样的成就感，谁都希望公司与客户之间的互动能更积极、更有效，那些拥有参与积极性的公司将胜过那些没有参与积极性的公司所创造的利润，工作的成就感也是不同的，所以用游戏的思维来打造企业与员工的互动，员工与客户的互动，将是未来最优的模式。

所以，游戏的思维是未来的思维，谁拥有了这种思维就能打造出让用户喜欢的产品或服务或商业模式来。游戏思维有四个本质特征：

（1）通过设定目标，去吸引人的注意力，调整参与的关注度，提高做事的目的性，如"超级玛丽的目标是营救公主""马云开创淘宝的目标是让一般人可以开店"。良好的社会价值感，会无形让人朝着更好的方向行走。

（2）制定游戏规则，释放人的创造力，培养策略性思维。如"韩都衣舍的公式""海星模式""顺丰快递员"。通过一个清晰的规则，可以组建起一个庞大的公司。

（3）反馈系统，承诺目标可以达到，让人更有动力。即使失败，也让你有再次重攀高峰的勇气。比如，打游戏时，砍杀怪物会"掉血""掉装备"，几秒就会出现，结果人们越玩越觉得好玩。这是因为人们喜欢获得肯定，生存本能让我们有去取得肯定的欲望。

（4）自愿参与，游戏会成为我们显而易见的心流来源，改变我们看待自己和自身能力的方式。只有主动投身的活动，主动做的事情，人们才能充分感知，成也自己，败也自己，这也是游戏的乐趣所在。

游戏不仅仅是逃避现实，也是一种有目的的逃脱，经过深思熟虑的主动逃离，转化为对现实饥渴的有效填充。未来，我们可以借助游戏的力量，让生活变得像游戏一样精彩，让未来焕然一新。游戏的确会改变世界。一部分人用游戏思维构建新的商业模式和产品，甚至是社会规则，而另一部分人活在他们构建的游戏中。电影《头号玩家》就是这个局面的呈现。游戏真的很吸引人，特别容易上瘾，掌握游戏的精髓，把游戏的理念引入到团队运营和生活，是一个不错的选择。记住游戏四要素：目标（设立一个宏伟的愿景，最好能产生社会价值）、规则（有透明公平且合理的规则能让更多的人愿意参与）、反馈（让参与者能知道自己做到了哪一步，还有多远达成目标）、自愿参与（让参与者有选择的权利）。

比如，同样是理财，支付宝就是一种游戏思维设计的模式，它会每天告诉你挣了多少钱，及时给客户反馈，会让客户觉得有意思，不自觉点开加入互动。人人都在银行理财，有哪个银行会每天告诉用户赚了多少吗？没有，所以那些平台理财正是抓住了客户的心理，才会越做越好。

比如，微软的一个测试部门开发了一个检测软件质量的游戏，把测试过程变成了一个让成千上万名微软员工都乐在其中的愉悦体验。还有一款代码检查游戏（Code Review Game），鼓励程序员以小组比赛的形式检查微软产品的代码错误，赚取积分。使得员工不但没把工作当成任务，还乐在其中，自愿参加。

未来大数据的营销应用，正适应了游戏化的趋势，跟游戏一样，让消费者自己参与进来，更好地管理自身的行为。许多时候，营销与设计游戏一样，都需要寻找一个有趣的目标或角度吸引用户参与；在过程中设计一些"诱惑式"的元素让用户逐级深入；让用户乐在其中，得到情感共鸣，从而产生长期的依赖。

在现实的商业大环境中，未来强大的商业模式一定离不开游戏化，我们必须转变以往的心态，游戏化不等于纯游戏，而比游戏更宽泛，所应用的领域更广。因为游戏化可以提升参与度，提升使用者的体验感，这两样是赢得用户的制胜法宝。

游戏中促使人们参与的心理需求在工作和商业环境中同样存在。游戏化可以被看作一种激励人们行为的系统设计方式。运用游戏化的思维设计商业模式会开拓更多的可能性。游戏化的另一个好处在于游戏化是有效的，这种商业模式给企业带来了正向的回馈。有很多这方面的案例，大家有兴趣可以找来研究。尽管有人认为这仅是一种创新实验，但更多的公司已经看到了游戏化融入商业所带来的积极成果。

在不久的将来，那些一如既往排斥游戏的企业会陷入很不利的位置。

它们无法了解如何在社群、企业和个人生活中利用游戏的力量。它们错过了一些解决问题、创造新体验以及弥补现实缺陷的机会。

所以,化游戏的思维为企业所用,用游戏的力量打造更多更好的商业模式,让引量和体验变得富有活力与趣味,从而找到盈利的正确方式。

参考文献

[1] 郑翔洲.新商业模式创新设计——转型重塑企业核心竞争力［M］.北京：电子工业出版社，2015.

[2] 彭志强.商业模式的力量［M］.北京：机械工业出版社，2013.

[3] 林伟贤，魏炜.慈善的商业模式［M］.北京：机械工业出版社，2011.

[4] 陈国嘉.智能家居：商业模式＋案例分析＋应用实战［M］.北京：人民邮电出版社，2016.

[5] 毛苇.订阅经济：数字时代的商业模式变革［M］.北京：电子工业出版社，2019.

[6] 鲍舟波.未来已来：数字化时代的商业模式创新［M］.北京：中信出版社，2018.